YINGYONG TONGJIXUE DAOXUE

应用统计学导学与演练

薛章林 刘定祥 可英 编著

重庆大学出版社

内容提要

本书是《应用统计学》的配套学习指导书,书中总结出每章的学习重点与难点,提炼出每章的学习要点,设计出形式多样、内容丰富的演练题目供读者加强、巩固、检测学习效果,同时还提供演练题目(部分)的参考答案。全书具有较强的针对性和实用性,尤其是对应用型大学的学生是一本较好的学习指导书和工具书。

本书可作为普通高等学校经济管理类、社科类相关专业的应用型本专科学生的学习指导用书,也可以作为相应授课教师教学的参考用书。

图书在版编目(CIP)数据

应用统计学导学与演练 / 薛章林,刘定祥,可英编著. -- 重庆:重庆大学出版社,2020.1(2025.7 重印)
ISBN 978-7-5689-1956-2

Ⅰ.①应… Ⅱ.①薛…②刘…③可… Ⅲ.①应用统计学—高等学校—教学参考资料 Ⅳ.①C8

中国版本图书馆 CIP 数据核字(2020)第 008713 号

应用统计学导学与演练

薛章林 刘定祥 可 英 编著
策划编辑:鲁 黎

责任编辑:姜 凤 方 正   版式设计:鲁 黎
责任校对:邹 忌   责任印制:张 策

*

重庆大学出版社出版发行
出版人:陈晓阳
社址:重庆市沙坪坝区大学城西路 21 号
邮编:401331
电话:(023) 88617190 88617185(中小学)
传真:(023) 88617186 88617166
网址:http://www.cqup.com.cn
邮箱:fxk@ cqup.com.cn(营销中心)
全国新华书店经销
重庆新生代彩印技术有限公司印刷

*

开本:787mm×1092mm 1/16 印张:12.25 字数:308 千
2020 年 1 月第 1 版   2025 年 7 月第 7 次印刷
ISBN 978-7-5689-1956-2 定价:35.00 元

前言

　　本书是《应用统计学》(薛章林、刘定祥、可英编著,重庆大学出版社)的配套学习指导书,旨在帮助读者理解并深入学习掌握书中的内容,厘清书中的重点、难点和要点。

　　本书根据《应用统计学》一书的框架结构,即绪论、应用统计工作(应用统计调查、统计数据整理)、应用统计描述(总量指标、相对指标、平均指标、变异指标、时间序列指标、统计指数)、应用统计推断(参数估计、假设检验、方差分析、相关分析、回归分析)、统计数据的应用(静态数据的应用、时间序列数据的应用、统计分析报告的写作)等内容,总结出每章的学习重点与难点;提炼出每章的学习要点;设计出形式多样、内容丰富的演练题目(如单选题、多选题、判断题、简答题、计算题、实践题等)供读者加强、巩固、检测学习效果,同时还提供了演练题目(部分)的参考答案。

　　本书是应用型院校经济管理类、社科类相关专业学生更好地熟悉和掌握应用统计学的基本概念、相关理论和方法不可或缺的学习指导书和工具书。

　　本书由薛章林、刘定祥、可英编著。其中,绪论、第1章至第8章和附录由薛章林编写,第9章至第13章由可英编写,第14章至第16章由刘定祥编写。全书由薛章林统稿。

　　本书在编写过程中,广泛学习、吸收了大量统计学著作和相关资料的成果,在此表示诚挚的谢意。

　　由于编者水平有限,书中难免有不足之处,敬请专家、读者批评指正。

编　者

2019 年 7 月

目 录

绪　论

0.1　重点与难点

本章介绍了应用统计学的基本轮廓,是以后学习各章知识的基础。通过本章的学习,理解统计的含义;了解统计学的产生与发展;掌握应用统计学的研究对象、特点及研究方法;掌握应用统计学中的基本概念;了解应用统计思想与规范;掌握应用统计任务、工作过程与发展趋势。准确理解并区分应用统计学中的基本概念是本章难点。

0.2　要点

1."统计"有统计工作、统计资料、统计学三层含义。统计学是一门收集、分析、表现和解释数据的学科,是统计工作实践的理论概况和经验总结,是一门方法论科学。

2.统计学的产生和发展大体上经历了古典统计学、近代统计学、现代统计学三个阶段。

3.应用统计包含统计工作、统计描述、统计推断、统计应用四层含义。

4.应用统计思想包括:实事求是的思想、随机的思想、从局部看整体的思想、从过去和现在看将来的思想、从一事物看他事物的思想、从现象看本质的思想。

5.应用统计研究对象是大量社会经济现象数量方面及其发展规律的数量表现,它具有数量性、总体性、具体性、变异性、随机性、社会性的特点。

6.了解中国的应用统计体制、应用统计标准、应用统计制度。

7.总体是指研究对象的全体,具有大量性、变异性、同质性和相对性。

8.总体单位是构成总体的个别事物,是统计数据信息资料的承担者。

9.样本是由从总体中抽取的部分个体组成的集合,用以代表总体,样本中所包含的个体数量称为样本容量。

10.总体参数是用来描述总体特征的概括性数字度量,是一个未知的常数。

11.样本统计量是用来描述样本特征的概括性数字度量,简称统计量,是一个可计算的随机变量。

12.标志是说明总体单位的属性或特征的名称;指标是说明客观现象总体特征的概念,是数量标志的汇总;指标体系是指由若干个相互联系的单一指标构成的指标群,用以说明总体的全面特征和总体内部构成之间的相互联系。

13.指标与标志的区别:指标是说明总体特征的,而标志是说明总体单位特征的;标志有能用数值表示的数量标志和不能用数值表示的品质标志,而指标无论是数量指标还是质量指标,都是用数值表示的。

14.指标与标志的联系:统计指标的数值是从总体单位数量标志的标志值进行直接汇总或间接计算的;指标与数量标志之间存在着变换关系。

15.变量是说明现象某种特征的概念,可变的数量标志抽象化称为变量,其取值称为变量值。变量一般分为分类变量、顺序变量和数值型变量。

16.应用统计研究方法有大量观察法、实验设计法、统计描述法、统计推断法和数学模型法。

17.我国的统计基本任务:对国民经济和社会发展情况进行统计调查、统计整理和统计分析,提供统计资料和统计咨询,实行统计监督。具体任务包括:为决策者提供信息;为信息使用者提供咨询;监督社会经济运行。

18.应用统计工作过程:统计设计、统计调查、统计整理、统计描述、统计推断、统计应用。

0.3 习题

一、单选题

1.“统计”一词的基本含义是(　　)。

A.统计调查、统计整理、统计分析　　　B.统计设计、统计分组、统计计算

C.统计方法、统计分析、统计预测　　　D.统计科学、统计工作、统计资料

2.统计总体的基本特征包括(　　)。

A.同质性、大量性、差异性　　　B.数量性、大量性、差异性

C.数量性、综合性、具体性　　　D.同质性、大量性、可比性

3.调查某大学1 000名学生的学习情况,则总体单位是(　　)。

A.1 000名学生　　　B.1 000名学生的学习成绩

C.每一名学生　　　D.每一名学生的学习成绩

4.标志是说明(　　)。

A.总体单位的特征的名称　　　B.总体单位量的特征的名称

C.总体质的特征的名称　　　D.总体量的特征的名称

5.统计指标按其说明的总体现象的内容不同,可以分为(　　)。

A.基本指标和派生指标　　　B.数量指标和质量指标

C.实物指标和价值指标　　　D.绝对数指标、相对数指标和平均指标

6.要了解某市国有工业企业的生产设备情况,则统计总体是(　　)。

A.该市国有的全部工业企业　　　B.该市国有的每一个工业企业

C.该市国有的每一台生产设备　　　　　D.该市国有工业企业的全部生产设备

7.构成统计总体的个别事物称为(　　)。

A.调查单位　　　　B.总体单位　　　　C.调查对象　　　　D.填报单位

8.应用统计研究方法包括(　　)。

A.调查方法、整理方法、分析方法、预测方法

B.调查方法、汇总方法、预测方法、实验设计法

C.相对数法、平均数法、指数法、汇总法

D.大量观察法、实验设计法、统计描述法、统计推断法

9.下列属于品质标志的是(　　)。

A.工人年龄　　　　B.工人性别　　　　C.工人体重　　　　D.工人工资

10.变量是(　　)。

A.可变的质量标志　　　　　　　　　　B.可变的数量标志

C.可变的数量指标和标志　　　　　　　D.可变的品质标志

11.调查某大学 1 000 名学生的学习情况,则总体是(　　)。

A.1 000 名学生　　　　　　　　　　　B.1 000 名学生的学习成绩

C.每一名学生　　　　　　　　　　　　D.每一名学生的学习成绩

12.要了解某市国有工业企业生产设备情况,则统计总体单位是(　　)。

A.该市国有的全部工业企业　　　　　　B.该市国有的每一个工业企业

C.该市国有的每一台生产设备　　　　　D.该市国有工业企业的全部生产设备

13.统计学的研究对象是(　　)。

A.客观事物的总体数量特征和数量关系　B.统计工作过程

C.总体与样本的关系　　　　　　　　　D.抽象数量的联系和空间形式

14.统计学研究对象的基本特点是(　　)。

A.具体性　　　　　B.社会性　　　　　C.数量性　　　　　D.总体性

15.政治算术学派的代表人物是威廉·配第,其代表作是(　　)。

A.《概率论书简》　　　　　　　　　　B.《对死亡率公报的自然观察和政治观察》

C.《社会物理学》　　　　　　　　　　D.《政治算术》

16.统计研究所运用的大量观察法,其根据是(　　)。

A.个别事物偶然因素的影响会互相抵消　B.对总体中的全部单位进行调查

C.对总体中的足够多单位进行调查　　　D.个别事物偶然因素的影响很小

17.一个统计总体(　　)。

A.只能有一个标志　　　　　　　　　　B.可以有多个标志

C.只能有一个指标　　　　　　　　　　D.可以有多个指标

18.统计总体的同质性是指(　　)。

A.总体各单位的标志值没有差异

B.总体的各指标都是相同性质

C.总体各单位具有某一个相同的数量标志值或品质标志属性

D.同质性是构成总体的前提条件

19.对无限总体进行观察和分析,最适宜的统计研究方法是(　　)。

A.统计分组法　　　　B.统计模型法　　　　C.统计指标法　　　　D.抽样推断法

20.离散变量的变量值是(　　　)。

A.以整数断开

B.连续不断,相邻两个值之间可取无限多个数值

C.用平均数表示

D.用相对数表示

21.若要调查某地区工业企业职工的工资水平情况,则统计总体是(　　　)。

A.该地区工业企业的全部职工　　　　B.该地区全部工业企业

C.该地区工业企业职工的全部工资　　　　D.该地区工业企业每个职工的工资

22.若要调查某地区工业企业职工的工资水平情况,则总体单位是(　　　)。

A.该地区工业企业的全部职工　　　　B.该地区全部工业企业

C.该地区工业企业职工的全部工资　　　　D.该地区工业企业的每一个职工

23.研究某城市全部中学高中学生的状况,某中学高中学生人数是(　　　)。

A.数量指标　　　B.数量标志　　　C.数量标志值　　　D.标志总量

24.某车间有四名工人,其月产量分别为 1 000,1 200,1 500 和 1 800 件,这四名工人的月平均产量是对(　　　)。

A.四个变量求平均数　　　　B.四个变量值求平均数

C.四个指标求平均数　　　　D.四个指标值求平均数

25.某产品的质量好坏用一等品、二等品和三等品来反映,产品等级是(　　　)。

A.数量指标　　　B.质量指标　　　C.数量标志　　　D.品质标志

26.变异是统计研究的前提,它是指(　　　)。

A.标志各不相同　　　　B.标志和指标的具体表现各不相同

C.总体各不相同　　　　D.指标各不相同

27.以某地区的全部 IT 企业为总体,每一个 IT 企业为总体单位,则该地区的全部 IT 企业职工人数为(　　　)。

A.品质标志　　　B.数量标志　　　C.数量指标　　　D.质量指标

28.总体和总体单位具有相对性,它们随着研究目的的不同(　　　)。

A.任何一对总体和总体单位都可以互换

B.总体单位有可能变换为总体,总体也有可能变换为总体单位

C.总体单位只能变换为总体,总体不能变换为总体单位

D.总体只能变换为总体单位,总体单位不能变换为总体

29.下列指标中属于质量指标的是(　　　)。

A.人口数　　　B.国内生产总值　　　C.劳动生产率　　　D.总成本

30.统计学中通常把统计指标分为数量指标和质量指标,质量指标的表现形式是(　　　)。

A.总量指标　　　　B.相对指标或平均指标

C.绝对指标　　　　D.变异指标

31.基本统计指标体系是反映(　　　)。

A.社会经济的某一个专门问题的统计指标体系

B.整个国民经济与社会发展基本情况的统计指标体系

C. 国民经济与社会发展及其各个组成部分的基本情况的指标体系

D. 基层基本情况的指标体系

32. 某班五位学生统计学考试成绩分别为 67,78,85,89 和 96 分,这五个数字是(　　)。

A. 变量　　　　　B. 数量标志　　　　C. 品质标志　　　　D. 变量值

33. 用部分数据去估计总体数据的理论和方法,属于(　　)。

A. 理论统计学　　　B. 应用统计学　　　C. 描述统计学　　　D. 推断统计学

34. 了解居民的消费支出情况,则(　　)。

A. 所有居民的消费支出额是总体单位　　　B. 所有居民是总体

C. 某个居民的消费支出额是总体　　　　　D. 所有居民是总体单位

35. 某年全国汽车总产量(万辆)是(　　)。

A. 随机变量　　　　B. 连续变量　　　　C. 离散变量　　　　D. 任意变量

36. 要反映我国工业企业的整体业绩水平,总体单位是(　　)。

A. 我国每一家工业企业　　　　　　B. 我国所有工业企业

C. 我国工业企业总数　　　　　　　D. 我国工业企业的利润总额

二、多选题

1. 应用统计研究对象的特点有(　　)。

A. 数量性　　　　B. 总体性　　　　C. 具体性　　　　D. 变异性　　　　E. 社会性

2. 变量按其是否连续可分为(　　)。

A. 确定性变量　　　B. 随机性变量　　　C. 连续变量　　　D. 离散变量　　　E. 常数

3. 下列关于标志描述正确的有(　　)。

A. 数量标志可以用数值表示　　　　　B. 品质标志可以用数值表示

C. 数量标志不可以用数值表示　　　　D. 品质标志不可以用数值表示

E. 两者都可以用数值表示

4. 某企业是总体单位,数量标志有(　　)。

A. 所有制　　　　B. 职工人数　　　　C. 年平均工资　　　　D. 年工资总额

E. 产品合格率

5. 统计指标的构成要素有(　　)。

A. 指标名称　　　B. 计量单位　　　C. 计算方法　　　D. 时间限制和空间限制

E. 指标数值

6. 表 1 是某年《财富》杂志提供的按销售额和利润排列的 500 强公司中 10 家公司的数据。

表1

公司名称	销售额/百万美元	利润额/百万美元	行业代码
Banc One	10 272	1 427.0	8
CFE	9 844	580.0	19
Tyson Foods	6 454	87.0	19
Hewlett-Packard	38 420	2 586.0	12
Intel	20 847	5 157.0	15

续表

公司名称	销售额/百万美元	利润额/百万美元	行业代码
Northrop Grumman	8 071	234.0	2
Seagate Technology	8 588	213.3	11
Unisys	6 371	49.7	10
Westvaco	3 075	212.2	22
Woolworths	8 092	168.7	48

在这个例子中( )。

A. 总体是 500 强公司,总体单位是表中所列的公司

B. 总体是 500 强公司,总体单位是其中每一家公司

C. 总体是 500 强公司,样本是表中所列的公司

D. 样本是表中所列的公司,样本单位是表中所列行业代码

E. 样本是表中所列的公司,样本单位是表中每一家公司

7. 第 6 题中,10 家公司的平均销售额、利润总额是( )。

A. 参数　　　　　B. 统计量　　　　　C. 样本指标　　　　　D. 总体指标

E. 定量

三、判断题(正确的打"√",错误的打"×",并填写在题后的括号中)

1. 统计工作和统计资料是理论与实践的关系。 ( )

2. 一般来说,统计学的研究对象是客观事物的各个方面。 ( )

3. 统计学和数学都是研究数量关系的,因此它们是两个相同性质的学科。 ( )

4. 国势学派注重事件的文字记述,缺乏数量的分析。 ( )

5. 大数定律是说明在大量随机现象中,其平均结果具有稳定性的法则。 ( )

6. 大量观察法是指对总体中的全部单位进行调查并进行综合分析的方法。 ( )

7. 总体单位是标志的承担者。 ( )

8. 没有总体就无法确定总体单位。 ( )

9. 总体的大量性是指总体由许多乃至无限多的单位组成。 ( )

10. 统计总体可分为有限总体和无限总体、同质总体和变异总体。 ( )

11. 任何一个统计指标值,都应该是对客观现象在一定时间、地点条件下的数量反映。

( )

12. 品质标志能用数值表示。 ( )

13. 指标与标志的表现形式完全不同。 ( )

14. 总体标志总量是总体单位某数量标志值的总和,因此它是标志值。 ( )

15. 总体和总体单位具有相对性,它们随着研究目的的不同互相变换。 ( )

16. 数量指标是由总体单位的数量标志值汇总而来的,质量指标是由总体单位的品质标志值汇总而来的。

( )

17. 质量指标与品质标志都可以用数值表示。 ( )

18. 可变的统计指标和可变的数量标志称作变量。 ( )

19.变量按其性质不同可以分为连续变量和离散变量。 （ ）
20.统计指标体系是由多个统计指标所构成的整体。 （ ）

四、案例题

2018年某市统计部门提供的一份统计分析报告中有如下内容:"我市国有工业企业3 000个,职工总人数300万人,工业总产值450亿元,人均实现产值1.5万元。其中,恒通电气公司实现总产值3 000万元,职工人数500人。"

根据上述资料,回答下列问题:

1.该报告中所反映的统计总体、总体单位分别是什么?

2.报告中涉及的统计标志有哪些? 分别说明其性质。

3.报告中涉及的统计指标有哪些?

五、简答题

1."统计"一词有哪几种含义？它们之间的关系如何？

2.统计学的发展中有哪些主要学派？其学术观点是什么？主要代表人物及其对统计学的贡献有哪些？

3.简述应用统计研究对象有哪些特点。

4.简述应用统计思想有哪些。

5.简述统计总体和总体单位的区别与联系。

6.简述统计标志和统计指标的区别与联系。

7.简述应用统计的研究方法有哪些。

8.简述应用统计的工作过程。

第 **1** 章
应用统计调查

1.1　重点与难点

本章介绍了应用统计调查的相关内容,包括应用统计调查设计、调查方法、资料搜集和调查误差检查与控制。应用统计调查是统计工作链条上的第一段,是统计工作的基础。通过本章的学习,掌握应用统计调查方案的设计工作。重点理解并区分各种应用统计调查方法,能够根据调查目的的不同选择相应的统计调查方法;了解统计资料的来源和现代统计数据采集技术,掌握统计资料的搜集方法。应用统计调查误差的检查与控制是本章的难点。

1.2　要点

1.应用统计设计:按照统计宿体的要求所制订的整个统计工作的行动规划。

2.应用统计设计的原则:可行性原则、真实性原则、准确性原则、时效性原则、经济性原则、再生性原则、传输性原则、共享性原则和法律性原则。

3.应用统计设计的内容:明确研究目的;明确对要收集资料的要求;设计指标和指标体系;设计收集统计资料的途径、方式和方法;提出次级资料的要求、搜集方法、评价标准、加工方案;设计调查表;设计资料整理方案;设计统计分析方案,确定统计分析方法;设计试点调查方案、评估方案、复查方案;制订统计活动所需人力、物力和时间的配置方案;制订统计活动的组织机构和管理方案。

4.应用统计调查方案设计过程:确定调查目的;确定调查对象和调查单位;拟订调查项目;选择调查方法;调查表的设计;确定调查时间、期限与地点;设计调查组织实施计划。

5.应用统计调查的要求:准确性、及时性、系统性、全面性。

6.非抽样调查是对总体的每一个单位进行调查(全面调查),或对总体中重点单位进行调查(重点调查),或对总体中典型单位进行调查(典型调查),重点调查和典型调查不能用调查的结果去估计总体。

7. 普查是指一个国家或一个地区为详细地了解某项重要的国情、国力而专门组织的一次性、大规模的全面调查,其主要用来搜集某些不能够或不适宜用定期的全面调查报表搜集的信息资料,以搞清重要的国情、国力。目前,我国所进行的普查主要有人口普查、农业普查、工业普查、第三产业普查、基本单位普查等。

8. 重点调查是专门组织的非全面调查,是对调查总体中的重点单位进行专门调查,通过重点调查了解被调查对象总体的基本情况。重点单位是指在调查总体中具有举足轻重的、能够代表总体的情况、特征和主要发展变化趋势的那些样本单位。

9. 典型调查是专门组织的非全面调查,是根据调查目的有计划地选择有代表性的典型单位所作的系统周密的调查研究。

10. 固定样本调查是将选取的样本单位固定下来长期进行调查的调查方法。固定样本调查可以保证样本的代表性和资料的连续性,能够取得及时、全面、可靠的调查资料,具有调查成本低、效果好的优点。例如,城市抽样调查队开展的家计调查或住户调查等。

11. 在总体中选取一部分单位进行调查,用调查的结果去推断总体的情况,这种调查方法叫作抽样调查法。抽样调查的要点,一是确定样本容量,二是选择抽样方法。抽样方法分为随机抽样和非随机抽样。

12. 非随机抽样调查就是调查者根据自己的方便或主观判断抽取样本进行观察的抽样调查方法,也称非概率抽样调查。

13. 随机抽样是按照随机性原则从总体中抽取一部分单位组成样本,通过对样本单位特征观察、计量和分析,运用数理统计分析方法对总体特征作出具有一定可靠性估计的抽样调查方法,也称为概率抽样技术。

14. 随机抽样的方法:纯随机抽样、分层抽样、整群抽样、等距抽样、多阶段抽样。

15. 统计调查方法体系如图1所示。

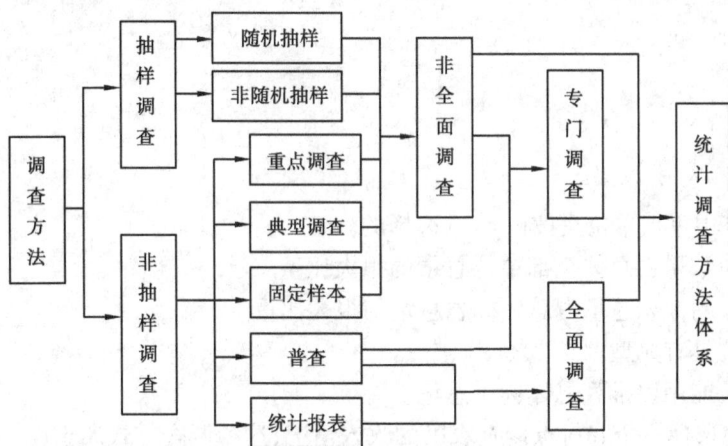

图1 统计调查方法体系图

16. 数据资料是反映调查对象的数量特征以数字形式表现的资料,是统计调查工作搜集的主要资料。统计资料分为数据资料和文字资料。

17. 按统计资料来源的不同,分为直接资料和间接资料。来源于直接的调查和科学实验的统计数据称为原始资料,也称第一手资料;把经过加工整理的能够在一定程度上说明现象特征的统计资料、历史资料、外地区资料、外部门资料和在其他研究中使用过的资料等称为次级资料,也称二手资料。

18.统计资料的直接来源:一是来源于管理和研究需要而专门设计的统计调查,其中有统计部门的调查,也有其他部门或者机构进行的调查。二是通过科学实验得到的数据资料。

19.原始资料搜集方法:直接观察法、报告法、访问法、登记法、实验法。

20.次级资料搜集方法:直接引用法、参考文献查找法、检索工具查找法。

21.应用统计调查误差是统计调查的数据信息与现象客观实际数据之间的差异。

22.统计误差分类如图2所示。

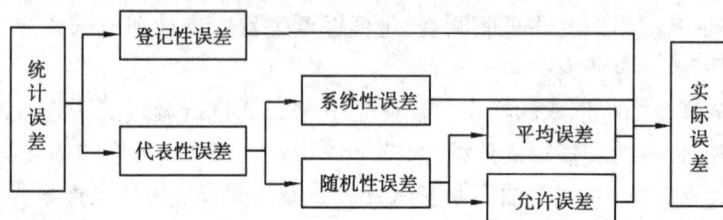

图2 统计误差分类图

23.登记性误差控制:第一,制订周密的统计调查方案。在制订统计调查方案时尽可能使方案周密、完善,不给调查工作出现误差留有漏洞,在调查实施前就最大限度地防止误差产生。第二,认真组织实施统计调查工作。培训调查人员,做好调查前的各项基础工作,加强调查工作和数据质量检查,杜绝调查工作弄虚作假现象发生。

24.系统性误差可以避免,控制系统性误差要求做到:第一,抽样过程中严格遵守随机性原则。第二,改变抽样方法和抽样组织形式。

25.随机性误差不可避免,但可以控制其大小。对于随机性误差的控制,重要的问题是对抽取样本单位数目的控制。

1.3 习题

一、单选题

1.重点调查中重点单位是按( )选择的。

A.这些单位数量占总体全部单位总量的很大比重

B.这些单位的标志总量占总体标志总量的很大比重

C.这些单位具有典型意义,是工作重点

D.这些单位能用以推算总体标志总量

2.有意识地选择三个农村点调查农民的收入情况,这种调查方式属于( )。

A.典型调查　　　　B.重点调查　　　　C.抽样调查　　　　D.普查

3.2010年11月1日零点的第六次全国人口普查是( )。

A.典型调查　　　　B.重点调查　　　　C.一次性调查　　　　D.经常性调查

4.调查大庆、胜利等几个主要油田来了解我国石油生产的基本情况,这种调查方式属于( )。

A.普查　　　　B.典型调查　　　　C.重点调查　　　　D.抽样调查

5. 某些不能够或不宜用定期统计表搜集的全面统计资料,一般应采取的方法是(　　)。

A. 普查　　　　　　B. 重点调查　　　　C. 典型调查　　　　D. 抽样调查

6. 了解学生的学习情况,要调查足够多的学生,这个方法称为(　　)。

A. 大量观察法　　　B. 统计分组法　　　C. 综合指标法　　　D. 相关分析法

7. 工厂对生产的一批零件进行检查,通常采用(　　)。

A. 普查　　　　　　B. 抽样调查　　　　C. 重点调查　　　　D. 典型调查

8. 抽样调查是(　　)。

A. 非全面调查　　　B. 全面调查　　　　C. 调查重点单位　　D. 调查典型单位

9. 简单分组和复合分组的区别是(　　)。

A. 分组标志的性质不同　　　　　　　B. 分组标志的多少不同

C. 组数的多少不同　　　　　　　　　D. 组距的大小不同

10. 了解我国城乡居民生活状况,最宜采用(　　)。

A. 普查　　　　　　B. 抽样调查　　　　C. 典型调查　　　　D. 重点调查

11. 2019 年 7 月 27 日重庆市最高气温为 38 ℃,这一数据属于(　　)。

A. 定类数据　　　　B. 定序数据　　　　C. 定距数据　　　　D. 定比数据

12. 某商品的价格为 300 元,"300"这一数字是(　　)。

A. 标志　　　　　　B. 指标　　　　　　C. 变量　　　　　　D. 标志值

13. 我国第六次人口普查规定的标准时间是 2010 年 11 月 1 日零时,下列情况应计入人口数的是(　　)。

A. 2010 年 11 月 2 日出生的婴儿

B. 2010 年 10 月 29 日出生,10 月 31 日死亡的婴儿

C. 2010 年 10 月 29 日死亡的人

D. 2010 年 11 月 1 日 3 时死亡的人

14. 对全市工业企业职工的生活状况进行调查,调查对象是(　　)。

A. 该市全部工业企业　　　　　　　　B. 该市全部工业企业的职工

C. 该市每一个工业企业　　　　　　　D. 该市工业企业的每一个职工

二、多选题

1. 某地区进行企业情况调查,则每一个企业是(　　)。

A. 调查对象　　　　B. 统计总体　　　　C. 调查单位　　　　D. 调查项目

E. 填报单位

2. 我国常用的统计调查方式——统计报表是一种(　　)。

A. 自下而上地搜集统计资料的方式

B. 定期的统计报告制度

C. 为了解决和研究某种情况或某项问题而专门组织的统计调查

D. 以经常性调查为主的调查形式

E. 以一次性调查为主的调查形式

3. 统计报表必须(　　)。

A. 以一定的原始记录为基础　　　　　B. 按照统一的表式填报

C. 按照统一的指标填报　　　　　　　D. 按照统一的报送时间报送

E. 按照统一的报送程序报送

4. 我国第六次人口普查规定的标准时点是 2010 年 11 月 1 日零时,普查人员遇到下列问题,哪些不应该算在人口总数内?(　　　)

A. 2010 年 11 月 2 日出生的婴儿

B. 2010 年 10 月 31 日 8 时出生,20 时死去的婴儿

C. 2010 年 10 月 31 日 8 时出生,11 月 1 日 4 时死去的婴儿

D. 2010 年 10 月 31 日 22 时死去的人

E. 2010 年 11 月 1 日 8 时死去的人

5. 下列判断中,正确的有(　　　)。

A. 普查和统计报表都是全面调查

B. 重点调查、抽样调查和典型调查都是非全面调查

C. 经常性调查都是定期的

D. 一次性调查都是不定期的

E. 统计报表是我国搜集统计资料的一种主要报表

6. 普查是一种(　　　)。

A. 全面调查　　　　　B. 非全面调查　　　　　C. 专门调查　　　　　D. 经常性调查

E. 一次性调查

三、判断题(正确的打"√",错误的打"×",并填写在题后的括号中)

1. 统计调查对象是总体各单位标志值。　　　　　　　　　　　　　　　　　　　(　　　)

2. 重点调查中的重点单位是标志值较大的单位。　　　　　　　　　　　　　　　(　　　)

3. 全面调查和非全面调查是根据调查结果所得的资料是否全面来划分的。　　　　(　　　)

4. 二手数据的特点是采集数据的成本低,但搜集比较困难。　　　　　　　　　　(　　　)

5. 如果调查的间隔时间相等,这种调查就是经常性调查。　　　　　　　　　　　(　　　)

6. 判断抽样的样本不是随机选取的。　　　　　　　　　　　　　　　　　　　　(　　　)

7. 在全国工业普查中,全国所有工业企业是统计总体,每个工业企业是总体单位。

(　　　)

8. 民族作为分组标志时属于质量标志。　　　　　　　　　　　　　　　　　　　(　　　)

9. 为调查某校学生的生活消费支出情况,从男生中抽取 60 名学生调查,从女生中抽取 40 名学生调查,这种调查方法是分层抽样。　　　　　　　　　　　　　　　　　　(　　　)

10. 为了解开发区土地利用情况而进行的全国开发区规模和土地利用效益调查属于专门调查。　　　　　　　　　　　　　　　　　　　　　　　　　　　　　　　　　(　　　)

11. 重点调查中重点单位指的是在总体中具有举足轻重地位的单位。　　　　　　(　　　)

12. 统计调查的基本要求是准确、及时和全面。　　　　　　　　　　　　　　　(　　　)

四、简答题

1. 什么是应用统计设计?

2. 应用统计设计的原则有哪些?

3. 应用统计设计的内容有哪些?

4. 应用统计调查的方法有哪些?

5. 调查单位和填报单位有何区别与联系？

6. 重点调查、典型调查与抽样调查有何区别？

7. 抽样调查与非抽样调查有何区别？

8. 分层抽样调查与整群抽样调查有何区别？

9. 如何理解调查时间?

10. 试比较配额抽样调查与分层抽样调查。

11. 试比较多阶段抽样调查与分层抽样调查。

12. 什么是统计误差? 有哪些类型?

13. 如何控制统计误差？

14. 试推导书中(《应用统计学》,下同)表 1-5 的抽样数目计算公式。

五、实践题

请分别为下面各项调查拟订调查方案(任选其中 1~2 题完成)。

1. 对本校大一新生进行一次基本情况的调查。

2. 对本校图书馆的藏书情况进行一次调查。

3. 对本校大学生的消费状况进行一次调查。

第**2**章

统计数据整理

2.1　重点与难点

本章介绍了统计数据整理的相关知识,包括数据的计量与类型、数据的审核与鉴别、统计分组、次数分布数列、统计表与统计图的绘制。通过本章的学习,理解统计数据整理的概念和意义;了解数据的审核与鉴别方法;重点掌握统计分析的基本方法即统计分组的基本知识;理解次数分布数列的概念和类型,重点掌握变量数列的构成要素、种类和组中值的计算;重点掌握统计表和统计图的绘制方法。组中值的计算与应用是本章的难点。

2.2　要点

1. 统计数据的整理就是根据统计的目的和要求,将调查所得到的原始资料进行审核、分组、汇总、编制数列和图表等加工处理的过程。

2. 统计数据的计量尺度:按照对客观事物测定的精确水平,计量尺度由低级到高级、由粗略到精确分为四个层次,即定类尺度、定序尺度、定距尺度和定比尺度。

3. 定类尺度也称列名尺度,是最粗略、计量层次最低的计量尺度。它是对现象总体按某一品质标志进行平行分组的,各组间的关系是并列的、平等的、互斥的,各组排序可以改变顺序。

4. 定序尺度也称顺序尺度,是对现象总体按某一品质标志划分为若干等级,按等级排序分组,其结果可以比较大小,但不能精确计量。

5. 定距尺度也称间隔尺度,是对现象总体按某一数量标志进行顺序排列分组的,分组后各组间可以计算数量间隔。

6. 定比尺度也称比率尺度,不仅可以区别类别,确定顺序,进行加减运算,而且可以进行乘除运算。

7. 统计数据的类型:按计量尺度分为品质数据和数量数据;按统计数据的搜集方法分为实验数据和观测数据;按被描述的现象与时间的关系分为截面数据和时间序列数据。

8. 原始数据审核的内容包括数据完整性审核、准确性审核和及时性审核。

9. 原始数据审核的方法包括逻辑检查和计算检查。

10. 二手数据的审核包括适用性审核和时效性审核。

11. 数据筛选的方法：①重新分析信息需求，根据所搜集的信息与我们关心的问题或要完成的任务是否相关而决定取舍。②检查重复，要剔除在内容和类别上有一定重复的信息。③检查时间，保证信息的时效性。④效用评价，根据经验和知识，对搜集到的信息进行初步评价，淘汰那些使用价值不大或无效的信息，保留重要意义的信息。⑤对于含糊或混乱的信息，要进一步搜集。

12. 统计分组是把陆续搜集到的、无次序的、彼此原为没有关联的信息，按某种标志加以区别为不同的类型或性质不同的组，使之整理成有条理的信息体系。

13. 统计分组的原则：穷尽原则和互斥原则。

14. 统计分组的作用：区分事物不同性质的属性、反映现象的内部结构、分析现象间的数量依存关系和揭示现象特征及内在规律。

15. 统计分组方法：按品质标志分组、按数量标志分组、按主要标志与辅助标志分组。

16. 统计汇总的组织形式一般有逐级汇总、集中汇总、汇审汇编三种；统计资料汇总的技术方法有手工汇总和电子计算机汇总两种。其中手工汇总有划记法、过录法、折叠法、卡片法四种。

17. 茎叶图又称枝叶图，是由"茎"和"叶"组成的，它把每个数据分解成"茎"和"叶"两个部分，高位数字为茎，低位数字为叶；茎数字按列排列，叶数字按行排列。

18. 在组距分组时，如果所分的组数越来越多，组距会越来越小，这时所绘制的折线图就会越来越光滑，逐渐形成一条平滑的曲线，这就是频数（频率）分布曲线。频数（频率）分布曲线大致有三种类型：钟形分布、U形分布和J形分布。

19. 在统计分组工作基础上，将分组的组别和对应次数按一定次序加以排列，形成次数（频数）排序的数列，这个数列称为分配数列，又称次数分配或次数分布。

20. 分配数列种类：品质分配数列、变量分配数列（离散型变量分布数列、连续变量分布数列、单项式变量分布数列、组距式变量分布数列）。

21. 变量数列分组中两个极端值称为组限。在一组变量值中最大变量值称为上限，最小变量值称为下限。

22. 组距 = 上限 – 下限。变量数列编制划分组限时，重叠组限的变量数列编制在次数（频数）归类应坚持"上限不在组内"的统计原则。

23. 一变量数列划分为多少组称为组数。组数与组距成反比关系，同一个变量数列组距越大，组数则越少；反之，组距越小，组数则越多。

24. 组中值说明一组变量值在组中分布的一般水平状态，是一组变量范围的中间大小的数值，常根据分组后各组上限和下限进行简单算术平均得到。

$$组中值 = \frac{上限 + 下限}{2}$$

$$缺上限开口组组中值 = 下限 + \frac{相邻组组距}{2}$$

$$缺下限开口组组中值 = 上限 - \frac{相邻组组距}{2}$$

25. 变量数列编制的结果需要表现现象的分组状况,还需要表明相应各组单位数。各组单位数就是该标志值在这一组反复出现的次数,称为频数。

26. 各组的频数与总体的总体单位总数之比称为比率或频率。

27. 从统计表形式上看,包括总标题、横行标题、纵栏标题和指标数值四部分。从统计表的内容看,统计表由主词和宾词两部分组成。

28. 按在统计工作过程中不同作用分为调查表、整理表或汇总表、分析表;按表现统计分组情况不同分为简单表、分组表、复合表。

29. 统计表一般采用三线表。三线表并不一定只有三条线,必要时可加辅助线,但没有竖线,无论加多少条辅助线,仍称为三线表。

30. 统计图是通过点、线、面等图形要素绘制的几何图形或事物具体形象表现统计数据的图形。统计图的优点:直观、具体、生动、简明。

2.3 习题

一、单选题

1. 对现象总体只按一个标志分组的是( )。

A. 品质标志分组   B. 数量标志分组   C. 复合分组   D. 简单分组

2. 频数分布用来表明( )。

A. 各组变量值构成情况   B. 各组标志值分布情况

C. 总体单位在各组的分布状况   D. 各组变量值的变动程度

3. 各组频率除以本组组距,称为( )。

A. 频数   B. 频率   C. 频数密度   D. 频率密度

4. 组数与组距关系是( )。

A. 正比关系   B. 反比关系

C. 无关系   D. 有时是正比关系有时是反比关系

5. 频数分布表中,某组的向下累计频数为 2 500,这表示总体单位中( )。

A. 大于该组下限的累计次数是 2 500   B. 小于该组下限的累计次数是 2 500

C. 大于该组上限的累计次数是 2 500   D. 小于该组上限的累计次数是 2 500

6. 主词按两个及两个以上的标志分组排列的是( )。

A. 简单表   B. 单分组表   C. 分组表   D. 复合分组表

7. 频率密度是( )。

A. 平均每组组内分布的次数   B. 平均每组组内分布的频率

C. 单位组距内分布的频率   D. 组距/频率

8. 属于按品质标志分组的是( )。

A. 居民家庭按生活消费量分组   B. 居民家庭按总收入分组

C. 人口按性别分组   D. 人口按年龄分组

9. 属于按数量标志分组的是( )。

A. 职工按性别分组   B. 职工按职别分组

C. 职工按民族分组   D. 职工按工龄分组

10. 对企业先按企业规模分组,再按经济类型分组,这样的分组属于( )。

A. 简单分组   B. 平行分组   C. 复合分组   D. 统计分组体系

11. 下列属于连续变量的是( )。

A. 汽车台数   B. 工人人数   C. 工厂数   D. 工业总产值

12. 变量数列中,组距和组数的关系是( )。

A. 组距的大小和组数的多少成正比   B. 组数越少,组距越小

C. 组数越多,组距越大   D. 组距的大小和组数的多少成反比

13. 各组的组中值代表组变量值的( )。

A. 最高水平   B. 最低水平   C. 平均水平   D. 随机水平

14. 变量数列中,各组的频率之和应该( )。

A. 大于1   B. 小于1   C. 等于1   D. 等于0

15. 某零件规定直径为10 cm,误差允许在±0.02 cm内波动,在正常生产的情况下,其误差的分布通常服从( )。

A. 二项分布   B. 正态分布   C. 均匀分布   D. 泊松分布

16. 反映社会经济现象集中状况和集中过程的曲线图是( )。

A. 对称分布图   B. U形分布图   C. J形分布图   D. 洛伦茨曲线图

17. 按年龄分组的人口死亡率表现为( )。

A. 钟形分布   B. J形分布   C. U形分布   D. 对称分布

18. 在等距数列中,各组的次数分布与次数密度的分布( )。

A. 一致   B. 有关系,但不一致

C. 有时一致,有时不一致   D. 毫无关系

19. 在异距数列中,各组的次数分布与次数密度的分布( )。

A. 一致   B. 有关系,但不一致

C. 有时一致,有时不一致   D. 毫无关系

20. 统计表的内容结构由( )组成。

A. 总标题   B. 横行标题   C. 主词和宾词   D. 纵栏标题

21. 在编制填列统计表时,若某项数据缺失,其符号为( )。

A. ~   B. …   C. /   D. —

22. 研究生招生目录中,201为英语,202为俄语,203为日语。这里的语种属于( )。

A. 定类数据   B. 定序数据   C. 定距数据   D. 定比数据

23. 电视观众对收费频道是否应该插入广告的态度为"不应该、应该、无所谓"。这里"不应该、应该、无所谓"是( )。

A. 定类数据   B. 定序数据   C. 定距数据   D. 定比数据

24. 学生的智商等级是( )。

A. 定类数据   B. 定序数据   C. 定距数据   D. 定比数据

25. 下列表述正确的是( )。

A. 定序数据包含了定类数据和定距数据的全部信息

B. 定类数据包含了定序数据的全部信息

C. 定序数据与定类数据是平行的

D. 定比数据包含了定类数据、定序数据和定距数据的全部信息

26. 统计数据中,最基本的计量尺度是( )。

A. 定类尺度 B. 定序尺度 C. 定距尺度 D. 定比尺度

二、多选题

1. 统计数据的计量尺度有哪些? ( )

A. 定类尺度 B. 定序尺度 C. 定距尺度 D. 定比尺度

2. 统计数据的类型按计量尺度分为( )。

A. 品质数据 B. 数量数据 C. 实验数据 D. 观测数据

E. 截面数据

3. 统计数据的类型按统计数据的搜集方法分为( )。

A. 品质数据 B. 数量数据 C. 实验数据 D. 观测数据

E. 截面数据

4. 统计数据的类型按被描述的现象与时间的关系分为( )。

A. 品质数据 B. 数量数据 C. 实验数据 D. 时间序列数据

E. 截面数据

5. 下面属于定序尺度的有( )。

A. 学生的智商等级 B. 学生到达教室的距离

C. 学生按考试成绩的位次 D. 学生按出生地的分组

E. 学生统计学考试的分数

6. 原始数据的审核方法包括( )。

A. 逻辑检查 B. 计算检查 C. 重复检查 D. 大量观察

E. 直接审核

7. 数据筛选的方法包括( )。

A. 重新分析信息需求,根据所关心的问题或要完成的任务的相关性进行取舍

B. 检查重复,剔除重复信息

C. 检查时间,保证信息的时效性

D. 效用评价,根据经验和知识,淘汰使用价值不大或无效的信息

E. 对于含糊或混乱的信息,要进一步搜集

8. 变量数列由两部分组成,即变量值所形成的各组和各组的( )。

A. 组距 B. 频率 C. 频数 D. 次数

E. 组中值

9. 在等距数列中各组次数的分布与( )。

A. 频率的分布一致 B. 次数密度的分布一致

C. 次数密度的分布不一致 D. 频率密度的分布一致

E. 频率密度的分布不一致

10. 频率密度( )。

A. 即频数密度 B. 等于组距/次数

C. 等于频率/组距 D. 就是单位组距所含的频率

E. 是一种相对数

11. 钟形分布是统计分布的一种常见形式,这种分布的( )。

A. 特征是"中间小,两头大"

B. 特征是"中间大,两头小"

C. 中间的变量值分布次数多,两端的变量值分布次数少

D. 中间的变量值分布次数少,两端的变量值分布次数多

E. 有对称分布与非对称分布之分

12. 反映总体次数分布的图形有( )。

A. 直线图　　　　　　B. 直方图　　　　　　C. 折线图　　　　　　D. 曲线图

E. 趋势线图

13. 总体分布大致有( )。

A. 钟形分布　　　　　B. 次数分布　　　　　C. U形分布　　　　　D. J形分布

E. O形分布

三、判断题(正确的打"√",错误的打"×",并填写在题后的括号中)

1. 统计表都是频数分布表。　　　　　　　　　　　　　　　　　　　　　　　(　　)

2. 统计分组的结果表现为组内同质性、组间同质性。　　　　　　　　　　　　(　　)

3. 离散变量的分组只能进行组距式分组。　　　　　　　　　　　　　　　　　(　　)

4. 离散型变量可以作单项式分组或组距式分组,而连续型变量只能作组距式分组。

　　　　　　　　　　　　　　　　　　　　　　　　　　　　　　　　　　　(　　)

5. 统计分组的关键在于分组标志的选择和各组界限的划分。　　　　　　　　　(　　)

6. 组距式分组的开口组的组中值由于缺少组限,无法计算。　　　　　　　　　(　　)

7. 只有按数量标志分组所形成的变量数列才是次数分配数列。　　　　　　　　(　　)

8. 单项式频数分布的组数等于变量所包含的变量值的总数。　　　　　　　　　(　　)

9. 在进行统计分组时,总体中的任何一个单位有可能同时归属于两个或两个以上的组。

　　　　　　　　　　　　　　　　　　　　　　　　　　　　　　　　　　　(　　)

10. 定距尺度不仅可以区分类别,还可以进行乘除运算。　　　　　　　　　　(　　)

四、简答题

1. 什么是统计数据整理? 统计数据整理工作一般要经过哪些步骤?

2. 统计分组的作用是什么？

3. 什么是分布数列？什么是变量数列？

4. 什么是全距、组距、组中值、频数和频率？试举例说明。

5. 统计汇总的组织形式有哪几种？统计汇总有哪些方法？

6. 举例说明什么是简单表、分组表和复合表？

7.统计表从内容和形式上由哪些部分组成？从对主词分组情况看,统计表有几种？各有什作用？

8.统计图的作用是什么？统计图有哪些类型？

五、计算题

1.某公司的员工实行弹性上班制度,员工可选择在 7:00,7:30,8:00,8:30,9:00 去上班,相应的下班时间为 4:30,5:00,5:30,6:00。表 1 是员工上班时间的样本资料。

表1　员工上班时间的样本数据

7:00	8:30	9:00	7:30	7:30	8:30	8:30	7:30	7:00
8:30	8:30	8:00	7:30	8:30	7:00	9:00	8:30	8:00

要求:(1)进行数据整理,绘制频数分布表;

(2)绘制条形图和饼图;

(3)分析员工喜欢在什么时间上班。

2. 某班 50 名学生统计学成绩如下：56,80,66,49,85,65,97,71,70,52,59,72,83,75,67,73,72,70,88,69,79,61,64,86,74,73,61,90,68,57,68,63,92,39,77,90,73,72,85,83,78,83,65,75,67,85,98,72,77,80,试编制该班同学的统计学成绩的频率分布，并绘制频率分布图。

3. 某企业甲车间 40 个工人 2 月份生产产品件数资料如下：25,28,25,30,33,24,25,27,29,32,32,33,24,23,25,32,33,32,25,26,28,30,39,26,29,25,28,30,27,27,33,34,33,34,32,29,30,32,32,23,根据以上资料：

(1)编制单项式数列；

(2)编制组距式数列，计算各组组距；

(3)绘制直方图。

4. 某公司 2010 年年底和 2015 年年底共有员工 820 人和 1 200 人，根据职业分类的劳动力分布数据见表 2。

表 2　某公司根据职业分类的劳动力数据　　　　　单位:%

职业分类	2010 年	2015 年
管理人员	10	15
专业和技术人员	12	12
熟练工人	24	24
非熟练工人	40	24
秘书	14	25
合计	100	100

要求:(1)绘制饼图、条形图和对比条形图;

(2)分析从 2010 年到 2015 年公司劳动力规模和结构的变化。

5. 在工作满意度研究中,调查了某企业的 200 名员工,要求回答的满意度类别依次为:①非常不满意,②不满意,③一般满意,④满意,⑤非常满意。获得的满意度分布数据见表 3。

表 3　某企业员工满意度分布数据

类别	非常不满意	不满意	一般满意	满意	非常满意	合计
人数/人	16	72	62	30	20	200

要求:(1)绘制条形图和饼图;

(2)编制累积频率分布表,绘制累积频率分布图。

6. 某商场某年员工销售额分组资料见表 4。

表 4　某商场某年员工销售额分组

年销售额/万元	职工人数比重/%
30 以下	19
30～50	23
50～70	40
70～100	12
100 以上	6
合计	100

要求:仍以年销售额为分组标志,将上述资料重新分为以下4组:50万元以下,50万~80万元,80万~100万元,100万元以上。

7.某市工业企业统计资料见表5。

表5 某市工业企业统计资料

公司名称	工人数/人	实际产值/万元	计划完成数/%
A公司	350	240	100
B公司	1 320	1 890	120
C公司	1 140	940	95
D公司	100	70	104
E公司	90	80	104
F公司	140	100	102
G公司	150	120	98
H公司	200	174	98
I公司	1 220	1 420	100
J公司	1 440	1 400	100
K公司	950	1 010	109
L公司	1 420	1 760	113
M公司	510	370	102
N公司	620	400	90
O公司	750	700	101
P公司	810	640	99
Q公司	790	920	110
R公司	840	680	90

要求:(1)按计划完成度分组,整理出一个统计表(组距10%);

(2)按企业的工人数分组,整理出一张统计表,以表明企业规模与工人劳动生产率之间的关系(组距499人)。

8.下面两个表分别是 A、B 两个班的英语考试成绩数据,见表6和表7。

表6 A 班英语考试成绩

44	57	60	80	85	75	66	75	74	87
66	67	69	70	70	75	71	72	73	82
25	55	61	71	85	39	56	62	73	90
55	57	75	79	92	63	72	75	80	92
52	60	70	83	100	54	61	71	84	100

表7 B 班英语考试成绩

44	57	66	79	94	48	57	68	81	95
40	56	63	74	91	44	57	64	74	91
59	73	75	80	90	92	95	90	80	70
51	58	68	82	96	52	59	70	83	100
66	73	75	80	93	65	73	76	82	96

要求:(1)根据 A、B 两个班的考试成绩,绘制一个公共的茎制成的茎叶图;

(2)比较 A、B 两个班考试成绩分布的特点。

第 **3** 章
总量指标

3.1 重点与难点

统计指标是说明客观现象总体特征的概念,按表现形式分为总量指标、相对指标、平均指标、变异指标、时间序列指标。本章介绍了总量指标,包括总量指标的种类与统计要求、总量指标的计量单位、国民经济核算的几种主要总量指标。通过本章的学习,理解总量指标的概念;掌握总量指标的类型及其统计要求;了解总量指标的计量单位;重点掌握国民经济核算的几种总量指标,并利用总量指标对社会经济现象进行分析。对时期指标与时点指标的理解是本章的难点。

3.2 要点

1. 统计描述是描绘或总结观察变量的基本情况的统计总称。统计数据是统计描述的基础,统计描述是统计推断的基础,统计描述的过程也是统计分析研究的过程。

2. 通过分析数据资料,从总体看事物发展的规模、水平(如总量指标、相对指标);从静态看各变量内的观察值集中趋势(如算术平均数、几何平均数、调和平均数、中位数、众数)与离散趋势(如全距、平均差、标准差);从动态看在一定时间、地点、条件下客观现象数量之间的关系和变动规律,看事物发展的速度、比例和效益(如时间序列指标、指数)。

3. 统计指标简称指标,是说明客观现象总体特征的概念,如国内生产总值、人口数量、耕地面积、财政收入等都称为统计指标。指标包含指标名称、指标值、时间限制、空间范围和计量单位几大要素。

4. 指标的分类:按总体性质分为数量指标和质量指标;按表现形式分为总量指标、相对指标、平均指标、变异指标、时间序列指标;按计量单位分为实物指标、价值指标、劳动指标;按指标功能分为描述指标、评价指标、预警指标。

5. 总量指标是反映现象总体在一定时间、地点、条件下的总规模、总水平或工作总量的统计指标,一般用绝对数表示。总量指标是计算有限总体的指标,其指标值与有限总体的范围成正比。

6.总量指标的作用:①总量指标是认识客观现象的起点;②总量指标是进行经济管理的主要依据;③总量指标是基础性指标;④总量指标可以表现为总量之间的绝对差数。

7.总体单位总量指总体单位数之和,即总体本身的规模大小。

8.总体标志总量是指总体各单位就某一数量标志的标志值之和。

9.时期指标指反映某种现象在一段时间发展变化结果的总量指标。如社会总产值、国内生产总值、利润总额、税收总额等。时期指标的特点:累加性、时期性、连续性。

10.时点指标能反映现象总体在某一时刻(瞬间)的数量状况。例如,全国总人口数、商品库存数、乡镇企业个数等。时点指标的特点:不具累加性,与时间间隔无关,数值间断性。

11.为使总量指标资料准确,在进行总量指标统计时有如下要求:①明确总量指标的含义、计算范围;②总量指标必须建立在同度量的基础上。

12.据总量指标反映的社会经济现象的性质和内容,计量单位一般采用实物单位、劳动单位和价值单位。

13.实物单位是根据事物的自然属性和特点而规定的计量单位,能具体反映现象实际存在的实物数量,体现具体的使用价值量。实物单位一般有自然单位、度量衡单位、双重或多重单位、复合单位和标准实物单位五种。

14.价值单位是以货币作为价值尺度来计量社会物质财富和劳动成果的计量单位,如人民币、美元、英镑等。

15.国民经济,就是在一国(或地区)范围内和一定历史时期中,各社会生产部门、流通部门和其他经济部门的社会经济活动的总和。反映我国国民经济运行状况的总量指标主要有社会总产品、社会总产值、增加值、国内生产总值(GDP)、国民生产总值(GNP)等。

16.社会总产品(也称总产出)是指一定时期生产和提供的所有货物和服务价值的总和,它反映社会生产的总成果。社会总产品以货币表现时,即为全部生产活动成果的价值总量。

17.社会总产值是以货币表现的各物质生产部门在一定时期内生产的社会产品总量,它反映一个国家(或地区)在一定时期内物质生产活动的总成果。

18.社会总产值的计算方法:

(1)直接把各物质生产部门的总产值相加。社会总产值 = 工业总产值 + 农业总产值 + 建筑业总产值 + 货物运输业总产值 + 邮电业总产值 + 商业和物资供销业的总产值 + 饮食业总产值。

(2)按产品的最终消费价格计算。

消费价格是生产资料或消费品由流通领域进入消费领域用作生产消费或生活消费的价格,货运、商业等其他部门的产值都分摊到工业、农业、建筑业产品价值中。用这种方法计算社会的总产值能反映社会总产品生产的总成果和实物构成。

19.增加值是企业或部门在一定时期(如一年)内从事生产经营活动所增加的价值。增加值 = 总产出 – 中间消耗。

20.GDP 是按市场价格计算的国内生产总值的简称,是一个国家(地区)所有常住单位在一定时期内生产活动的最终产品的市场价值。GDP 是一个生产概念,凡是在本国领土上创造的收入,不管是不是本国国民所创造的,都应被计入本国的 GDP。

21.国内生产总值有以下三种表现形态。

(1)价值形态:所有常住单位在一定时期内所生产的全部货物和服务价值超过同期投入的全部非固定资产货物和服务价值的差额。从生产的角度计算国内生产总值,国内生产总值等于各部门增加值之和。

(2)收入形态:所有常住单位在一定时期内所创造并分配给常住单位和非常住单位的初次分配收入之和。从收入的角度计算国内生产总值,首先是各个部门根据生产要素在初次分配中应得到的收入份额来计算增加值,然后再汇总各部门的增加值而得到国内生产总值。增加值 = 固定资产折旧 + 劳动者报酬 + 生产税净额 + 营业盈余。

(3)产品形态:最终使用的货物和服务减去进口货物和服务。从最终使用的角度计算国内生产总值,国内生产总值 = 总消费 + 总投资 + 净出口。

22.GNP 是按市场价格计算的国民生产总值的简称,它是一个国家所有常住单位在一定时期内收入初次分配的最终成果。GNP 是一个收入概念,凡是本国国民(包括本国公民以及常驻外国但未加入外国国籍的居民)所创造的收入都计入本国的 GNP。

23.GNP 有以下三种计算方法。

(1)生产法:从各部门的总产值(收入)中减去中间产品和劳务消耗,得出增加值。各部门增加值的总和就是国民生产总值。

(2)支出法:个人消费支出 + 政府消费支出 + 国内资产形成总额(包括固定资本形成和库存净增或净减) + 出口与进口的差额。

(3)收入法:将国民生产总值看作各种生产要素(资本、土地、劳动)所创造的增加价值总额,以劳动报酬、利息、租金、利润、资本消耗、间接税净额(即间接税减政府补贴)等形式分配给各种生产要素。将全国各部门(物质生产部门和非物质生产部门)的上述各个项目加以汇总,即可计算出国民生产总值。

3.3　习题

一、单选题

1.人们认识现象总体数量特征的基础指标是(　　　)。

A.总量指标　　　　　B.相对指标　　　　　C.平均指标　　　　　D.标志变异指标

2.总量指标按表现形式不同分为(　　　)。

A.时期指标和时点指标　　　　　　　　B.总体单位总量和总体标志总量

C.数量指标和质量指标　　　　　　　　D.实物指标和价值指标

3.下列为时点指标的是(　　　)。

A.在校学生人数　　　　　　　　B.商品销售额

C.新出生人口数　　　　　　　　D.国内生产总值

4.表现不同类产品产量的无法直接汇总的总量指标是(　　　)。

A.价值量指标　　　B.时期指标　　　C.实物量指标　　　　D.劳动量指标

5.总量指标数值大小(　　　)。

A.随总体范围扩大而增大　　　　　　　B.随总体范围扩大而减小

C. 与总体范围大小无关　　　　　　　　D. 随总体范围减小而增大

6. 研究从业人员劳动收入水平,则从业人员数与劳动报酬总量指标(　　　)。

A. 前者是标志总量,后者是总体单位总量

B. 前者是总体单位总量,后者是标志总量

C. 都是总体单位总量

D. 都是标志总量

7. 若要了解某地区居民的收入状况,总体单位总量是(　　　)。

A. 该地区居民总人数　　　　　　　　　B. 该地区居民总收入

C. 居民社区数　　　　　　　　　　　　D. 人均收入额

8. 由反映总体各单位数量特征的标志值汇总得到的指标是(　　　)。

A. 质量指标　　　　　　　　　　　　　B. 数量指标

C. 总体单位总量指标　　　　　　　　　D. 总体标志总量指标

9. 某大学8个分院,共有学生20 000人,教职工750人、开设专业有32个。若每个分院作为调查单位,则总体单位总量是(　　　)。

A. 分院数　　　　　B. 学生数　　　　　C. 教职工数　　　　　D. 专业数

10. 下列指标属于总量指标的是(　　　)。

A. 人均粮食量　　　　　　　　　　　　B. 资金利税率

C. 产品合格率　　　　　　　　　　　　D. 学生人数

11. 时点指标的数值(　　　)。

A. 与时间间隔长短无关　　　　　　　　B. 通常连续登记

C. 时间间隔越长,指标数值越大　　　　D. 具有可加性

12. 以下不是时期指标的数值特征是(　　　)。

A. 具有可加性　　　　　　　　　　　　B. 通常连续登记

C. 时间间隔越长,指标数值越大　　　　D. 与时间间隔长短无关

13. 一个国家(地区)所有常住单位在一定时期内生产活动的最终产品的市场价值称为(　　　)。

A. GNP　　　　　　　B. GDP　　　　　　C. 社会总产品　　　D. 社会总产值

14. 凡是本国国民(包括本国公民以及常驻外国但未加入外国国籍的居民)所创造的收入都计入本国的(　　　)。

A. GDP　　　　　　　B. GNP　　　　　　C. 社会总产品　　　D. 社会总产值

15. 以下不是GNP的计算方法是(　　　)。

A. 生产法　　　　　B. 支出法　　　　　C. 收入法　　　　　D. 综合法

二、多选题

1. 统计指标一般包含(　　　)要素。

A. 指标名称　　　　B. 指标值　　　　　C. 时间限制　　　　D. 空间范围

E. 计量单位

2. 指标按总体性质分为(　　　)。

A. 数量指标　　　　B. 质量指标　　　　C. 总量指标　　　　D. 相对指标

E. 平均指标

3. 指标按表现形式分为（　　　）。

A. 总量指标　　　　　B. 相对指标　　　　　C. 平均指标　　　　　D. 变异指标

E. 时间序列指标

4. 指标按计量单位分为（　　　）。

A. 实物指标　　　　　B. 价值指标　　　　　C. 劳动指标　　　　　D. 变异指标

E. 时间序列指标

5. 指标按指标功能分为（　　　）。

A. 描述指标　　　　　B. 评价指标　　　　　C. 预警指标　　　　　D. 实物指标

E. 价值指标

6. 关于总量指标，以下哪些说法是正确的。（　　　）

A. 总量指标是认识客观现象的起点

B. 总量指标是进行经济管理的主要依据

C. 总量指标是基础性指标

D. 总量指标可以表现为总量之间的绝对差数

E. 总量指标的指标值与有限总体的范围成正比

7. 时期指标的特点包括（　　　）。

A. 累加性　　　　　B. 时期性　　　　　C. 连续性　　　　　D. 重复性

E. 独立性

8. （　　　）属于时期指标。

A. 社会总产值　　　B. 国内生产总值　　　C. 利润总额　　　　D. 税收总额

E. 商品库存数

9. （　　　）属于时点指标。

A. 全国总人口数　　B. 商品库存数　　　C. 乡镇企业个数　　　D. 社会总产值

E. 国内生产总值

10. 实物单位一般包括（　　　）。

A. 自然单位　　　　B. 度量衡单位　　　C. 双重或多重单位　　　D. 复合单位

E. 标准实物单位

三、判断题（正确的打"√"，错误的打"×"，并填写在题后的括号中）

1. 同一个总体，时期指标值的大小与时期长短成正比，时点指标值的大小与时间间隔成反比。　　　　　　　　　　　　　　　　　　　　　　　　　　　　　　（　　　）

2. 时期指标的数值大小与时间长短成反比。　　　　　　　　　　　　　（　　　）

3. 全国金融业从业人数和工资总额都是时点指标。　　　　　　　　　　（　　　）

4. 能计算总量指标的总体必须是有限总体。　　　　　　　　　　　　　（　　　）

5. 某企业的"职工人数"指标肯定是一个总体单位总量。　　　　　　　（　　　）

6. 所有总量指标都可以累加。　　　　　　　　　　　　　　　　　　　（　　　）

7. 一个特定的总体有多个总体单位总量和总体标志总量。　　　　　　　（　　　）

8. 一个国家（地区）所有常住单位在一定时期内生产活动的最终产品的市场价值称为GNP。　　　　　　　　　　　　　　　　　　　　　　　　　　　　　　　（　　　）

9. 时点指标的数值与时间间隔长短无关。　　　　　　　　　　　　　　（　　　）

10. 时间间隔越长,时期指标的数值越大。 （　　）

11. GNP 常用的计算方法有生产法、支出法和收入法。 （　　）

12. 总量指标数值大小随总体范围扩大而增大。 （　　）

13. 价值量指标是表现不同类产品产量的无法直接汇总的总量指标。 （　　）

14. 国内生产总值是时点指标。 （　　）

15. 平均指标是人们认识现象总体数量特征的基础指标。 （　　）

四、简答题

1. 指标与标志有何区别与联系？

2. 总量指标在统计工作中有何重要作用？

3. 总体单位总量和总体标志总量有什么区别与联系？

4. 如何区分时期指标和时点指标？

5. 实物单位与标准实物单位有何区别？

6. 价值指标与货币单位有何联系？

7. 劳动指标与劳动单位有何联系？

8. 计算总量指标对单位有哪些要求？

9. 社会总产品与社会总产值有何区别？

10. GDP 与 GNP 有何区别？

第 **4** 章
相对指标

4.1　重点与难点

　　总量指标能描述客观现象的发展水平、规模以及绝对效果,但不能描述客观现象之间的相互联系、相互依存、相互影响等关系,要描述客观现象在时间、空间上的数量关系,必须借助于相对指标。本章介绍了相对指标,包括相对指标的作用与表现形式、相对指标的种类、常用的国民经济相对指标。通过本章的学习,理解相对指标的概念、作用及表现形式;掌握相对指标的种类及其统计应用;重点掌握在国民经济中常用的几种相对指标,并能利用相对指标对社会经济现象进行分析。几种相对指标的计算与应用是本章的难点。

4.2　要点

　　1. 相对指标又称相对数,它是将两个有联系的统计指标数值对比所求得的比值,用来反映现象的发展程度、结构、强度、普通程度或比例关系。

　　2. 相对指标的作用:①描述客观现象之间的对比关系;②使一些不能直接对比的现象找到共同对比的基础;③便于记忆,易于保密。

　　3. 恩格尔系数 $= \dfrac{\text{食品消费支出总额}}{\text{家庭或个人消费支出总额}}$。

　　4. 相对指标表现为有名数和无名数,有名数是用来表现强度相对指标的数值,以表明事物的强度、密度和普及程度等,它的单位是将对比的分子指标和分母指标的计量单位结合的双重单位。如人口密度用"人/ km^2"、人均粮食产量用"kg/人"等。无名数是一种抽象化的数值,常用系数、倍数、百分数、千分数、成数等表示。

　　5. 根据研究的目的和任务不同,相对指标有计划完成程度相对指标、结构相对指标、比例相对指标、动态相对指标和强度相对指标等。

　　6. 计划完成程度相对指标,又称计划完成程度相对数,是在一定时期内的实际完成数值与

计划完成数值对比的结果,它是用来检查、监督计划执行情况的相对指标,一般以百分数表示。其基本计算公式为

$$计划完成程度相对指标 = \frac{实际完成数}{计划完成数} \times 100\%$$

指标为绝对数:$计划完成程度相对指标 = \dfrac{实际完成数}{计划完成数} \times 100\%$

指标为相对数:$计划完成程度相对指标 = \dfrac{实际达到的百分数}{计划规定的百分数} \times 100\%$

$$计划完成程度相对指标 = \frac{100\% \pm 实际提高(降低)的百分数}{100\% \pm 计划提高(降低)的百分数} \times 100\%$$

指标为平均数:$计划完成程度相对指标 = \dfrac{实际平均水平}{计划平均水平} \times 100\%$

7. 计划完成程度相对指标对定期检查计划的执行情况有着重要的意义。

$$计划执行进度 = \frac{累计完成数}{全期计划数} \times 100\%$$

长期计划执行情况检查分水平法和累积法。

水平法,用计划期末实际达到的水平和计划规定的水平对比,适用于反映生产能力的经济指标,如发电量、煤产量等。

$$计划完成程度相对指标 = \frac{长期计划末期实际达到的水平}{长期计划末期计划达到的水平} \times 100\%$$

累计法,整个计划期内实际完成的累计数与同期规定的累计计划数进行对比,适用于检查计划期内国民财产总量的经济指标,如固定资产总额、住宅建设等计划完成情况。

$$计划完成程度相对指标 = \frac{计划期内实际完成累计数}{计划期规定的累计数} \times 100\%$$

8. 结构相对指标又称结构相对数,它是总体中各组成部分的数值占全部数值之比,又称比重或频率,通常用百分数表示。利用结构相对指标可以反映总体内部的构成情况,从而揭示现象的性质和特征;结构相对指标可以反映总体的质量和利用程度,如产品合格率、废品率等可以表明生产部门的工作质量。

$$结构相对指标 = \frac{总体某一部分数值}{总体全部数值} \times 100\%$$

9. 比例相对指标又称比例相对数,是同一总体中各组成部分之间的数量对比指标。它可以反映总体各组成部分之间的数量联系程度和比例关系,通常用百分比或几比几的形式来表现。

$$比例相对指标 = \frac{总体某一部分数量}{总体中另一部分数值} \times 100\%$$

10. 比较相对指标又称比较相对数或类比相对数,它是同一时间不同空间(国家、地区、部门、单位、个人等)同类指标对比而得出的相对数。用以表明两个同类事物在不同条件下的数量对比关系和差异程度,通常用百分数和倍数表示。

$$比较相对指标 = \frac{某地区(或单位)某现象的指标值}{另一地区(或单位)同类现象的指标值} \times 100\%$$

11. 动态相对指标又称动态相对数,是在同一空间内某种社会经济现象在不同时间上的两个数值之比,用以说明同一现象在不同时间上发展变化的相对程度,一般用百分数或倍数表

示。通常将作为对比基础的时期称为基期,做研究的时期称为报告期。

$$动态相对指标 = \frac{报告期水平}{基期水平} \times 100\%$$

12. 强度相对指标是指两个性质不同,但有一定联系的两个指标(相比较的分子分母在时期上和范围上相一致)对比得到的相对指标。它反映现象的强度、密度和普及程度。

$$强度相对指标 = \frac{某一现象的总量指标}{另一有联系的总量指标}$$

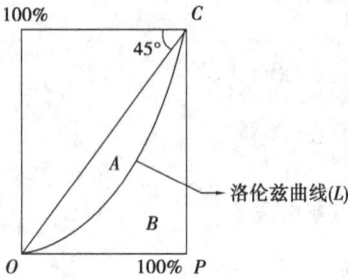

图 1　洛伦兹曲线

强度相对指标的计量单位大多采用有名数,即由相对指标的分子项与分母项的计量单位形成的双重单位来表示。如人口密度用"人/km²"表示,人均粮食产量用"kg/人"表示等。少数强度相对指标相比较的分子分母不是总量指标,如基尼系数表示社会财富分配的不公平程度,能源消费弹性系数表示能源有效利用程度。有些强度相对指标的分子和分母可以互换位置,这就形成了正指标和逆指标。

13. 基尼系数是在对居民按照收入水平高低进行排队和等分的基础上,绘制洛伦兹曲线图(见图 1),然后根据图中的有关部分面积进行计算的一个反映社会财富分配情况的指标。

用图中 A 区的面积除以 $(A+B)$ 区的面积表示收入分配不平等程度,这个比值称为基尼系数 (G),$G = \frac{A}{A+B}$。基尼系数大于 0 小于 1,基尼系数越大,表示收入分配越不平等;基尼系数越小,表示收入分配越平等。通常把 0.4 作为收入分配差距的"警戒线",根据黄金分割律,其准确值应为 0.382。一般发达国家的基尼系数为 0.24 ~ 0.36,美国偏高,为 0.4。

14. 消费率是指一个国家或地区在一定时期内(通常为 1 年)用于居民个人消费和社会消费的总额占当年国民支出总额或国民收入使用额的比率。它反映了一个国家生产的产品用于最终消费的比重,是衡量国民经济中消费比重的重要指标。

$$消费率 = \frac{消费额}{国内生产总值} \times 100\%$$,其中消费额包括居民消费和政府消费。

15. 恩格尔系数反映家庭收入中(或总支出中)用来购买食物的支出所占的比例。随着家庭收入的增加,家庭收入中(或总支出中)用来购买食物的支出比例会下降。

$$恩格尔系数 = \frac{食品支出总额}{家庭或个人消费支出总额} \times 100\%$$,国际上常常用恩格尔系数来衡量一个国家和地区人民生活水平的状况。根据联合国粮农组织提出的标准,恩格尔系数在 59% 以上为贫困,50% ~ 59% 为温饱,40% ~ 50% 为小康,30% ~ 40% 为富裕,低于 30% 为最富裕。

16. 投资率通常是指一定时期(年度)内总投资占国内生产总值的比率。但国内生产总值由于受进出口的影响,又有生产额和使用额的区分。因此,投资率也可以从以下两个不同的角度进行观察。

$$投资率 = \frac{资本形成总额}{国内生产总值} \times 100\%$$,投资率提升,消费率就降低。一般来说,投资是扩大再生产、提高生产能力的重要手段,较高的投资率不仅可以直接带动生产的增长,还会带动居民消费的增长。当经济发展到一定水平后,投资率会逐步趋缓,消费率逐步提升。

17. 对外贸易系数是指一国进出口总额与其国内生产总值或国民生产总值之比,反映一国对国际市场的依赖程度(也反映一国对外开放程度),进口总额占 GNP 或 GDP 的比重称为进口依存度,出口总额占 GNP 或 GDP 的比重称为出口依存度。

18. 财政收入占 GDP 的比重:该指标是反映财政收入规模的一个重要指标。一般来说,一个国家财政收入占 GDP 比重的高低,最根本的是取决于经济发展水平和政府职能范围的大小,经济发展水平越高、政府职能越大的国家,财政收入占 GDP 比重相应要高一些。

$$财政收入占 GDP 的比重 = \frac{财政收入}{GDP} \times 100\%$$

19. 教育投入占 GNP 的比重:教育是社会发展的基础性事业,是非营利性生产部门,主要由政府投资。测度政府对教育的支持力度的指标是政府公共教育经费占 GNP 的比重。

$$政府公共教育经费占 GNP 的比重 = \frac{政府公共教育支出}{GNP} \times 100\%$$

20. 科技投入占 GDP 的比重:它反映研究与发展的经费的投入力度。

$$科技投入占 GDP 的比重 = \frac{研究与发展的经费支出}{GDP} \times 100\%$$

21. 单位 GDP 能耗:是指每产生万元 GDP(国内生产总值)所消耗掉的能源,说明一个国家经济活动中对能源的利用程度。

$$单位 GDP 能耗 = \frac{能源消耗总量}{GDP}$$,能源消费总量采用等价热值原则,换算成标准煤或标准油计算。

22. 能源消费弹性系数:反映能源消费增长速度与国民经济增长速度之间的比例关系。

$$能源消费弹性系数 = \frac{GDP 增长率}{能源消费增长率}$$

23. 相对指标的计算要求:正确地选择对比的基期、保持对比指标的可比性、相对指标和总量指标结合运用、多种相对指标结合运用。

4.3 习题

一、单选题

1. 总体各部分指标数值与总体数值对比得到的结构相对指标值之和( )。

A. 大于 1　　　　B. 等于 1　　　　C. 小于 1　　　　D. 无法确定

2. 2015 年年底,我国 60 岁以上老年人口占总人口 16.1% 的是( )。

A. 结构相对指标　　B. 比较相对指标　　C. 比例相对指标　　D. 强度相对指标

3. 计划规定商品销售额较上一年增长 3%,实际增长 5%,则商品销售额计划完成情况相对指标的算式为( )。

A. 5%/3%　　　B. 105%/103%　　　C. 3%/5%　　　D. 103%/105%

4. 某地区 2018 年年末有 1 000 万人,零售商业网点为 4 万个,则该地区的商业网点密度的逆指标是( )。

A. 2.5 千人/个　　　B. 250 人/个　　　C. 0.25 个/千人　　　D. 250 个/人

5. 平均每千户城市居民汽车拥有量是（　　　）。

    A. 结构相对指标　　　B. 平均指标　　　C. 比较相对指标　　　D. 强度相对指标

6. 下列相对数可以相加的是（　　　）。

    A. 比例相对数　　　B. 结构相对数　　　C. 比较相对数　　　D. 强度相对数

7. 我国第六次人口普查结果是，我国男女之间的比例关系为 105.20∶100，这个指标是（　　　）。

    A. 比较相对指标　　　B. 比例相对指标　　　C. 强度相对指标　　　D. 结构相对指标

8. 相对指标中有正指标和逆指标之分的只有（　　　）。

    A. 利用程度相对指标　　　　　　　　　B. 强度相对指标

    C. 比例相对指标　　　　　　　　　　　D. 比较相对指标

9. 对甲、乙两个企业生产的饮料进行质量检验，不合格率分别为 6% 和 10%，则甲、乙两个企业生产的饮料不合格品数量为（　　　）。

    A. 甲 > 乙　　　B. 甲 < 乙　　　C. 甲 = 乙　　　D. 无法判断

10. 第六次人口普查结果，我国每 10 万人中具有大学程度的为 8 930 人。该数字资料为（　　　）。

    A. 绝对数　　　B. 比较相对数　　　C. 强度相对数　　　D. 结构相对数

11. 强度相对指标与平均指标相比（　　　）。

    A. 都具有平均意义　　　　　　　　　B. 都可用复名数表示

    C. 都是两个有联系的总体对比　　　　D. 都具有正逆指标

12. 下列指标属于比例相对指标的是（　　　）。

    A. 员工的出勤率　　　　　　　　　　B. 生产中的料、工、费比例

    C. 每百元产值利税额　　　　　　　　D. 净产值占总产值的比重

13. 将不同地区、部门、单位之间同类指标进行对比所得的综合指标称为（　　　）。

    A. 动态相对指标　　　B. 结构相对指标　　　C. 比例相对指标　　　D. 比较相对指标

14. 一个企业产品销售收入计划增长 8%，实际增长 20%，则计划超额完成程度为（　　　）。

    A. 12%　　　B. 150%　　　C. 111.1%　　　D. 11.1%

15. 某产品单位成本计划 2019 年比 2018 年降低 10%，实际降低 15%，则计划完成程度为（　　　）。

    A. 150%　　　B. 94.4%　　　C. 104.5%　　　D. 66.7%

16. 总体各部分指标数值与总体数值计算求得的结构相对数之和（　　　）。

    A. 大于 1　　　B. 小于 1　　　C. 等于 1　　　D. 无法确定

二、多选题

1. 反映社会经济现象集中的存在或集中程度的曲线，称为（　　　）。

    A. 洛伦兹曲线　　　B. 集中曲线　　　C. 分散曲线　　　D. 标志曲线

    E. 单位曲线

2. 以下属于无名数的是（　　　）。

    A. 系数　　　B. 倍数　　　C. 百分数　　　D. 千分数

    E. 成数

3. 下列指标中,属于强度相对指标的有( )。

A. 人均国内生产总值 B. 人口密度

C. 人均钢产量 D. 每千人拥有的商业网点数

E. 人均粮食产量

4. 常用的相对指标有( )。

A. 动态相对指标 B. 结构相对指标 C. 强度相对指标 D. 比较与比例相对指标

E. 计划完成程度相对指标

5. 相对指标数值的表现形式有( )。

A. 比例数 B. 无名数 C. 结构数 D. 抽样数

E. 有名数

三、判断题(正确的打"√",错误的打"×",并填写在题后的括号中)

1. 不同总体的不同性质指标对比得到的相对数是比较相对数。 ( )

2. 恩格尔系数属于结构相对数。 ( )

3. 若甲、乙、丙三个企业的产值计划完成程度分别为90%、100%和110%,则这三个企业平均的产值计划完成程度应为100%。 ( )

4. 结构相对指标具有可加性。 ( )

5. 在计算和运用相对指标时,不能只凭相对数的大小来判断,只有将相对指标和总量指标结合起来分析,才能对问题的实质作出正确的判断。 ( )

6. 结构相对指标一定小于100%。 ( )

7. 每名医生服务的居民人数属于正指标。 ( )

8. 在计算相对指标时,比较相对指标的分子、分母不可以互换。 ( )

9. 相对指标是两个有联系的指标数值之比,所以它们之间必须是同质的。 ( )

10. 结构相对指标一般用百分数表示,其分子和分母既可以是时期指标,也可以是时点指标。 ( )

11. 相对指标的分子和分母互换便产生了正指标和逆指标。 ( )

12. 检查长期计划执行情况的方法有水平法和累计法。 ( )

13. 某企业单位成本计划完成百分数是103%,表示超额完成计划。 ( )

14. 倍数、百分数、千分数、成数等都是有名数。 ( )

15. 基尼系数越大,表示收入分配越平等。 ( )

四、简答题

1. 什么是相对指标?

2. 比较动态相对指标与计划完成相对指标的异同点。

3. 比较结构相对指标与比例相对指标的异同点。

4. 比较强度相对指标与比较相对指标的异同点。

5. 为什么相对指标与总量指标要结合运用？

6. 人口出生率、人口死亡率、人口自然增长率、按全国人口计算的人均国内生产总值、人均钢产量、人均消费粮食、人均占有钢材、森林覆盖率等指标哪些属于强度相对指标？

7. 查找有关统计资料,对比美国、日本、英国、加拿大、中国的居民消费在 2018 年的恩格尔系数。

8. 计算和应用相对指标时,应遵守哪些原则?

五、计算题

1. 设书中"图 4.1"的横轴为 x,纵轴为 $f(x)$,根据书中"式(4.10)"和"图 4.1"证明基尼系数 $G = 1 - 2\int_0^1 f(x)\,\mathrm{d}x$。

2. 某企业按五年计划规定的最后一年的产量应达到 720 万件,实际执行情况见表 1,采用水平法计算提前完成计划的时间。[提示:连续一年时间(不论是否在一个日历年度)实际完成数达到了计划数,就算完成了计划。]

表 1　某企业五年计划完成情况　　　　　　　　　　单位:万件

年份	第一年	第二年	第三年	第四年各季度				第五年各季度			
				1	2	3	4	1	2	3	4
产量	300	410	530	150	160	170	170	190	190	210	210

3. 某市五年计划规定累计完成固定资产投资额 60 亿元,实际执行情况见表 2,采用累积法计算提前完成计划的时间。

表 2　某市"十五"期间固定资产投资情况　　　　　　单位:亿元

年度	第一年	第二年	第三年	第四年	第五年			
					1 季度	2 季度	3 季度	4 季度
投资额	10	12	13	14	3	4	4	5

4. 某市 2018 年年末人口数为 525 万人,其中男性人口数为 275 万人,女性人口数为 250 万人,该市国土面积为 4 000 km²。计算所有可能的相对指标,并指出其属于哪一类相对指标。

5. 某地区 2018 年每万人医生数为 20 人,2019 年每万人医生数为 25 人,请用正、逆指标表示该地区医生的配备情况。

6. 已知甲乙两车间生产情况的数据见表 3,请完成表中的空格,并说明其分别属于哪类相对指标。

表 3　甲乙两车间生产情况

| 车间 | 工人/人 | 车间面积/m² | 产量/t | | | 本月实际为上月的百分比/% | 本月实际为计划的百分比/% | 本月实际占总产量的比重/% | 工人人均占车间面积/m² | 甲车间工人劳动生产率为乙车间的百分比/% |
			上月实际	本月计划	本月实际					
甲	60	1 800	150	160	155					
乙	50	1 500	85	90	100					

7.某厂按计划规定,第一季度的单位成本比去年降低10%,劳动生产率提高10%,使利润在原来50万元的基础上增加50%。实际执行结果是单位成本较去年同期降低了8%,劳动生产率提高了20%,利润完成了计划的110%。问该厂第一季度产品单位成本、劳动生产率、利润完成了计划的情况如何?

8.成人身体发育成熟后,身体一般不再增高,只是早、晚身高略有差异。晚上比早上矮一些,到第二天早上又恢复为第一天早上的身高。因此有人说"若晚上比早上矮1%,则早上比晚上高1%",请判断上述说法是否准确,并说明原因。

第5章 平均指标

5.1 重点与难点

平均指标是进行统计描述的重要指标,本章介绍了几种重要的平均指标,包括算术平均数、调和平均数、几何平均数、众数、中位数。通过本章的学习,理解平均指标的基本概念;了解平均指标在统计研究中的作用;重点掌握各种平均指标的计算方法和应用;理解几种平均指标之间的相互关系。

5.2 要点

1.平均指标是总体各单位数量标志值的一般水平的代表值,说明同质总体内某一标志值在一定时间、地点等条件下所达到的一般水平,反映总体变量值的集中趋势,又称集中趋势指标。平均指标既是总体的代表值,又是总体分布的特征值。

2.平均指标从计算方法来看,可以分为数值平均数(算术平均数、调和平均数、几何平均数)和位置平均数(中位数、众数)。

3.算术平均数是变量数列中所有标志值的总和(总体标志总量)除以全部单位数(总体单位总量)所得之商,其基本公式为:算术平均数 $= \dfrac{\text{总体标志总量}}{\text{总体单位总量}}$。

简单算术平均数:$\bar{x} = \dfrac{x_1 + x_2 + \cdots + x_n}{n} = \dfrac{\sum\limits_{i=1}^{n} x_i}{n}$。

加权算术平均数:$\bar{x} = \dfrac{\sum\limits_{i=1}^{n} x_i \cdot f_i}{\sum\limits_{i=1}^{n} f_i}$,$x_i$ 为第 i 组的标志值,f_i 为第 i 组的权数。

4.算术平均数的特点:①算术平均数易受极端变量值的影响,使 $\bar{x}$ 的代表性变小,而且受极大值的影响大于受极小值的影响。②当组距数列为开口组时,由于组中值不易确定,$\bar{x}$ 的代表性也不是很可靠。③算术平均数只适合于正态分布,当分配数列呈 U 形分布或 J 形分布时,计算算术平均数就缺乏代表性了。

5. 调和平均数是各个标志值倒数的算术平均数的倒数,用 x_H 表示。

简单调和平均数: $x_H = \dfrac{1}{\dfrac{\dfrac{1}{x_1} + \dfrac{1}{x_2} + \dfrac{1}{x_3} + \cdots + \dfrac{1}{x_n}}{n}} = \dfrac{n}{\displaystyle\sum_{i=1}^{n} \dfrac{1}{x_i}}$

加权调和平均数: $x_H = \dfrac{1}{\dfrac{\dfrac{f_1}{x_1} + \dfrac{f_2}{x_2} + \dfrac{f_3}{x_3} + \cdots + \dfrac{f_n}{x_n}}{f_1 + f_2 + \cdots + f_n}} = \dfrac{\displaystyle\sum_{i=1}^{n} f_i}{\displaystyle\sum_{i=1}^{n} \dfrac{f_i}{x_i}}$

6. 调和平均数的特点:①调和平均数易受极端值的影响,而且受极小值的影响比受极大值的影响更大。②只要有一个变量值为零,就不能计算调和平均数。③调和平均数是根据总体(或样本)的变量值计算的结果。在统计调查资料缺损的情况下,仍然无法计算。

7. 几何平均数是 n 个变量值乘积的 n 次方根,是计算平均比率和平均速度时比较适用的一种方法,用 x_G 表示。

简单几何平均数: $x_G = \sqrt[n]{x_1 \cdot x_2 \cdot x_3 \cdots \cdot x_n} = \sqrt[n]{\prod x_i}$

加权几何平均数: $x_G = \sqrt[\sum f_i]{x_1^{f_1} \cdot x_2^{f_2} \cdot x_3^{f_3} \cdots \cdot x_n^{f_n}} = \sqrt[\sum f_i]{\prod x_i^{f_i}}$

8. 几何平均数的特点:①几何平均数受极端值的影响较算术平均数小。②几何平均数中的变量值中不能有零,否则就不能计算;变量值中如有负数,计算出的几何平均数就会成为负数或虚数,其结果失去意义。③几何平均数仅适用于具有等比或近似等比关系的数据。

9. 从数量关系上考查同一资料计算算术平均数、几何平均数和调和平均数时,可用不等式表示为: $\bar{x} \geqslant x_G \geqslant x_H$。

10. 众数是总体中出现次数最多或最普遍的标志值,一般以 M_0 表示。

11. 单项数列的众数

确定单项数列的众数,方法比较简单,直接通过观察找到数列中次数最多的那个组,然后找到该组的标志值即为众数,这种方法称为观察法。

12. 组距式数列众数

由于组距数列的每组是一个数据段,而众数只是一个数据点。要找到众数,首先要找到众数所在的组(众数组),然后在众数组里面找众数。确定众数组用观察法,观察以次数最多的组为众数组。确定众数的方法之一,以众数组的组中值作为众数;确定众数的方法之二,用众数组的次数与相邻两组次数之差的比例来推算。方法一较简单。方法二的计算公式为:

下限公式 $$M_o = x_L + \dfrac{\Delta f_1}{\Delta f_1 + \Delta f_2} \times d$$

上限公式 $$M_o = x_U - \dfrac{\Delta f_2}{\Delta f_1 + \Delta f_2} \times d$$

x_L 和 x_U 分别表示众数组的下限和上限;

$\Delta f_1 =$ 众数组的次数(f_m) – 众数组前一组的次数(f_{m-1})；

$\Delta f_2 =$ 众数组的次数(f_m) – 众数组后一组的次数(f_{m+1})；

d 表示众数组的组距。

13. 众数的特点：①众数是一种位置平均数，它是以组内单位均匀分布为研究前提条件的，它不受数列中各个标志值大小的影响。②当分配数列没有明显的集中趋势而趋向均匀分布时则无众数。③如果众数组相比邻的上下两组的次数相等，则众数组的组中值就是众数值；如果众数组相比邻的上一组的次数多于相比邻的下一组的次数，则众数小于众数组的组中值；如果众数组相比邻的上一组的次数少于相比邻的下一组的次数，则众数大于众数组的组中值。④缺乏敏感性。

14. 将研究总体中各单位的标志值以其大小顺序排列，位于中间位置的标志值就是中位数，用 M_e 表示。用中位数来表示现象的一般水平具有代表性。

15. 未分组数列中位数的确定

先把各单位的标志值按由大到小（或由小到大）的顺序排列，然后确定中位数位置。中位数位置为 $\dfrac{n+1}{2}$。

16. 单项数列中位数的确定

计算中位数位置 $\dfrac{1}{2}\sum\limits_{i=1}^{n} f_i$，根据中位数位置找到中位数所在组，该组的标志值即为中位数。

17. 组距数列中位数的确定

下限计算公式
$$M_e = x_{\mathrm{L}} + \frac{\dfrac{1}{2}\sum\limits_{i=1}^{n} f_i - S_{m-1}}{f_m} \times d$$

上限计算公式
$$M_e = x_{\mathrm{U}} + \frac{\dfrac{1}{2}\sum\limits_{i=1}^{n} f_i - S_{m+1}}{f_m} \times d$$

式中，S_{m-1} 表示中位数所在组下限以下累计次数；S_{m+1} 表示中位数所在组上限以上累计次数；f_m 表示中位数所在组的次数；d 表示组距。

18. 中位数的特点：①中位数是一种位置平均数，它不受极大值和极小值的影响，具有稳定性特点。②各单位标志值与中位数离差的绝对值之和为最小值。③对某些不具有数学特点或不能用数字测定的现象，可用中位数求其一般水平。

19. 算术平均数与众数、中位数之间的关系

（1）当总体分布呈对称状态时，三者合而为一，即 $\bar{x} = M_e = M_o$，如图 1(a) 所示。

（2）当总体分布呈左偏时，则 $\bar{x} < M_e < M_o$，如图 1(b) 所示。

（3）当总体分布呈右偏时，则 $M_o < M_e < \bar{x}$，如图 1(c) 所示。

钟形分布只存在适度或轻微偏斜的情形下，中位数一般介于众数与算术平均数之间，且中位数与算术平均数的距离是众数与算术平均数距离的 $\dfrac{1}{3}$，即 $|\bar{x} - M_o| = 3|\bar{x} - M_e|$。

如果三者之中两者为已知时，就可以近似地估算出第三者。

$$M_o = 3M_e - 2\bar{x}$$

$$M_e = \frac{1}{3}(M_o + 2\bar{x})$$

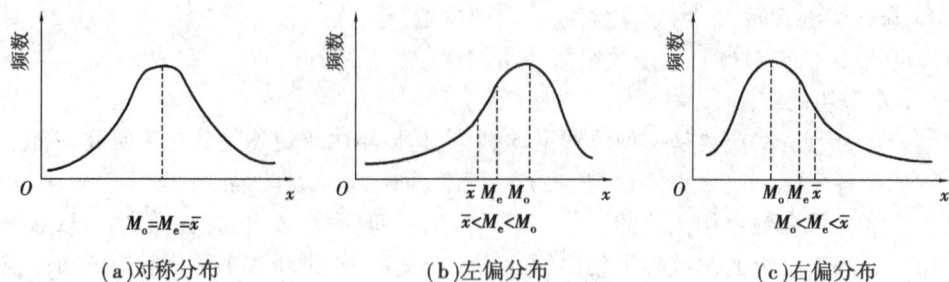

（a）对称分布　　　　　　　（b）左偏分布　　　　　　　（c）右偏分布

图1

$$\bar{x} = \frac{1}{2}(3M_e - M_o)$$

5.3　习题

一、单选题

1.众数是总体中下列哪项的标志值。（　　）

A.位置居中　　　　　B.数值最大　　　　　C.出现次数较多　　　D.出现次数最多

2.某工厂新工人月工资4 000元,月工资总额200 000元,老工人月工资8 000元,月工资总额80 000元,则该厂工人的平均工资为（　　）。

A.6 000元　　　　　B.5 333.3元　　　　　C.4 666.7元　　　　　D.5 000元

3.平均指标反映了（　　）。

A.总体次数分布的集中趋势　　　　　　　B.总体分布的特征

C.总体单位的集中趋势　　　　　　　　　D.总体次数分布的离中趋势

4.某企业2018年上半年月产量分别为410万、420万、380万、410万、420万、420万件,则该企业上半年的平均月产量、中位数和众数分别为（　　）。

A.410万、420万、420万　　　　　　　　B.420万、420万、420万

C.410万、415万、420万　　　　　　　　D.415万、420万、410万

5.一组数据从小到大排序后处于中间位置上的变量值称为（　　）。

A.众数　　　　　B.四分位数　　　　　C.中位数　　　　　D.平均数

6.已知某超市四种水果的销售单价和销售数量,计算这四种水果的平均价格应用（　　）。

A.加权算术平均法　　　　　　　　　　　B.加权调和平均法

C.简单算术平均法　　　　　　　　　　　D.几何平均法

7.算术平均数的数学性质中,各单位标志值与平均数离差平方之和等于（　　）。

A.0　　　　　B.最小值　　　　　C.1　　　　　D.各标志值之和

8.四分位距是（　　）。

A.上四分位数减下四分位数的结果　　　　B.下四分位数减上四分位数的结果

C.上四分位数减中位数　　　　　　　　　D.下四分位数减中位数

9. 某服装公司为了解某类服装的代表性尺寸,最适合的指标是( )。

A. 中位数　　　　　B. 众数　　　　　C. 算术平均数　　　　D. 几何平均数

10. 一种数据中出现频数最多的变量值称为( )。

A. 中位数　　　　　B. 平均数　　　　　C. 众数　　　　　D. 四分位数

11. 下列不受极端值影响的平均数是( )。

A. 算术平均数　　　B. 调和平均数　　　C. 几何平均数　　　D. 中位数

12. 在哪种条件下,简单算术平均数与加权算术平均数计算结果一致。( )

A. 权数不相等　　　B. 权数相等　　　C. 变量值相等　　　D. 变量值不相等

13. 从一批产品中随机抽取 100 件进行质量检验,结果发现 5 件不合格,样本合格率的平均数及标准差为( )。

A. $95\%、95\% \times 5\%$

B. $95\%、\sqrt{95\% \times 5\%}$

C. $5\%、\sqrt{95\% \times 5\%}$

D. $5\%、95\% \times 5\%$

14. 用同一组数据计算的算术平均数 $\bar{x}$、几何平均数 x_G 和调和平均数 x_H 的关系是( )。

A. $\bar{x} \leq x_G \leq x_H$　　B. $x_H \leq x_G \leq \bar{x}$　　C. $\bar{x} = x_G = x_H$　　D. $x_G \leq \bar{x} \leq x_H$

15. ( )是一种位置平均数,它不受极大值和极小值的影响,具有稳定性特点。

A. 中位数　　　　　B. 众数　　　　　C. 平均数　　　　　D. 极差

二、多选题

1. 根据标志值在总体中所处的特殊位置确定的平均指标有( )。

A. 算术平均数　　　B. 调和平均数　　　C. 几何平均数　　　D. 众数

E. 中位数

2. 影响加权算术平均数的因素有( )。

A. 总体标志总量　　　　　　　　B. 分配数列中各组标志值

C. 各组标志值出现的次数　　　　D. 各组单位数占总体单位数比重

E. 权数

三、判断题(正确的打"√",错误的打"×",并填写在题后的括号中)

1. 权数对算术平均数的影响作用只表现为各组出现次数的多少,与各组次数占总次数的比重无关。( )

2. 相较于算术平均数,中位数更易受到极端值的影响。( )

3. 众数是一种数值平均数,它是指总体中出现次数最多的标志值。( )

4. 当总体单位数 n 为奇数时,中位数 $= (n+1)/2$。( )

5. 任一组数据的众数都是唯一的。( )

6. 三种数值平均数中调和平均数的应用范围最广,且不受变量取值的限制。( )

7. 在一个变量数列中,中位数把全部标志值分成两个部分,即两端的标志值个数相等。( )

8. 众数不受极端变量值的影响。( )

9. 运用平均指标时可以不考虑总体的同质性。( )

10. 算术平均数只适合于正态分布。( )

四、简答题

1. 什么是平均指标？它在统计分析中的作用有哪些？如何分类？

2. 如何理解权数的意义？试举一则加权平均数计算实例，说明权数在其中的作用。

3. 加权算术平均数与简单算术平均数有何异同点？

4. 什么是众数和中位数？两者各有什么特点？

5. 简述众数、中位数、算术平均数的关系。

6. 正确运用平均指标的原则有哪些?

7. 试述算术平均数的数学性质,并证明。

8. 证明各组标志值与相应的频率之积之和等于加权算术平均数。

9. 平均指标与强度指标有什么区别？

10. 总量指标、相对指标、平均指标有何区别与联系？

11. 数值平均数与位置平均数有何区别与联系？

五、计算题

1. 某商店按销售额分组的变量数列见表 1,求人均日销售额。

表 1　某商店日营业额

日销售额/元	150 ~ 1 100	1 100 ~ 1 150	1 150 ~ 1 200	1 200 ~ 1 250	1 250 ~ 1 300
人数/人	4	6	10	7	3

2. 已知某市 25 个企业的工人平均工资见表 2,计算该市工人的平均工资。

表 2　某市 25 个企业的工人平均工资

按月工资分组/元	5 000 以下	5 000 ~ 6 000	6 000 ~ 7 000	7 000 ~ 8 000	8 000 以上	合计
企业数/家	3	8	4	4	6	25
各组工人所占比重/%	20	25	30	15	10	100

3. 将每个数据减去 60 后再缩小为原来的 1/10,同时将权数缩小为原来的 1/20,所求得的平均数为 0.5。计算原数据的平均数。

4.某产品在3个市场的价格及销售资料见表3,以销售额为权重求商品价格的调和平均数,以销售量为权重求商品价格加权算术平均数,试比较两种方法计算的结果,并证明调和平均数是加权算术平均数的变形。

表3 同种商品在3个市场的销售资料

市场名称	商品价格/(元·kg^{-1})	销售额/元	销售量/kg
甲	1.2	3 600	3 000
乙	1.4	2 800	2 000
丙	1.5	2 400	1 600
合计	—	8 800	6 600

5.某地区城镇居民家庭人均收入情况见表4,计算该地区城镇居民人均收入的众数与中位数。

表4 某地区城镇居民家庭人均收入

按人均收入分组/元	户数/户
2 000 以下	75
2 000 ~ 2 500	275
2 500 ~ 3 000	100
3 000 以上	50
合计	500

6. 根据表5中的资料,计算车间工人定额完成程度的众数与中位数。

表5 按定额完成情况统计表

按定额完成程度分组/%	工人数/人
80 ~ 90	10
90 ~ 100	22
100 ~ 110	28
110 ~ 120	54
120 ~ 130	40
130 ~ 140	28
140 ~ 150	18
合计	200

7. 证明:当$f_{m-1} = f_{m+1}$时,众数等于众数组的组中值;

当$f_{m-1} > f_{m+1}$时,众数小于众数组的组中值;

当$f_{m-1} < f_{m+1}$时,众数大于众数组的组中值。

第 **6** 章
变异指标

6.1 重点与难点

  变异指标也是进行统计描述的重要指标,本章介绍几种重要的变异指标,包括全距(极差)、平均差、方差、标准差、离散系数、是非标志指标以及分布的偏度和峰度。通过本章的学习,理解变异指标的基本概念;了解变异指标在统计研究中的作用;重点掌握各种变异指标的计算方法和应用;理解平均指标与变异指标的区别。分布的偏度和峰度是本章理解的难点。

6.2 要点

  1.变异指标又称标志变异指标,是用来说明总体各单位标志值变异程度和离散趋势的指标。它反映分配数列中以平均数为中心各标志值的变动大小范围或差异程度,是说明总体分布特征的一个重要综合指标。

  2.变异指标的作用:①变异指标可以测定平均指标的代表性高低程度。总体的变异指标越大,平均指标的代表性越差;反之,变异指标越小,平均指标的代表性越好。②变异指标可以测定数量现象的均衡性、稳定性、整齐性,为有效地组织生产、提高经济管理工作的质量提供依据。

  3.全距是总体各单位标志中最大标志值($X_{\max}$)与最小标志值($X_{\min}$)之差。若将研究总体中各个单位,按某一数量标志值的大小顺序排列起来,则最大值与最小值分别处于数列的两极,所以全距也称极差。它表明标志值的变动幅度或范围,通常用 R 表示,$R = X_{\max} - X_{\min}$。

  4.全距的优点在于计算简便,也易于理解。它是粗略地测定变异度的简单方法。但全距这个指标很粗略,它只考虑数列两端数值差异,而不管中间数值的差异情况,也不受次数分配的影响,因而不能全面反映总体各单位标志的变异程度。

  5.平均差是总体各单位标志值与其算术平均数的离差的绝对值的算术平均数,反映各标志值与算术平均数之间的平均差异,通常用 $A.D.$ 表示。平均差越大,表明标志变异程度越大;

反之,平均差越小,表明其变动程度越小。

(1)简单平均差,适用于未分组资料,其计算公式为

$$A.D. = \frac{\sum_{i=1}^{n} |x_i - \bar{x}|}{n}$$

(2)加权平均差,适用于分组数列资料,其计算公式为

$$A.D. = \frac{\sum_{i=1}^{n} |x_i - \bar{x}| f_i}{\sum_{i=1}^{n} f_i}$$

6. 平均差是根据全部变量值计算出来的,因此对整个变量值的离散趋势有较充分的代表性。但平均差计算由于采用取离差绝对值的方法来消除正负离差之间的互相抵消,因而不适合代数方法的演算,使其应用受到限制。

7. 数组中各单位标志值与其算术平均数的离差的平方称为方差(variance),用 σ^2 表示。方差的平方根称为标准差(standard deviation),也称均方差,用 σ 表示。标准差反映分布数列中各单位标志值的一般离散水平。

(1)简单标准差

$$\sigma = \sqrt{\frac{\sum_{i=1}^{n} (x_i - \bar{x})^2}{n}}$$

(2)加权标准差

$$\sigma = \sqrt{\frac{\sum_{i=1}^{n} (x_i - \bar{x})^2 f_i}{\sum_{i=1}^{n} f_i}}$$

8. 标准差的特点:①便于代数运算;②离差平方和最小;③灵敏度高;④夸大差异程度。

9. 离散系数也称标志变动系数,是变异指标与平均指标之比所得的相对数,反映总体各单位标志值的相对离散程度,最常用的是标准差与算术平均数对比所得的离散系数,称作"标准差系数",用 V_σ 表示,其计算公式为 $V_\sigma = \frac{\sigma}{\bar{x}} \times 100\%$,$V_\sigma$ 代表离散系数。

10. 如果两个总体或数列性质不同,计量单位不同或平均水平不同,就不能采用前述的某一变异指标直接比较其离差的大小,而应分析变异指标的相对指标,即离散系数。离散系数越大,总体各单位离散的相对程度越大,平均数的代表性越差;离散系数越小,总体各单位离散的相对程度越小,平均数的代表性越好。

11. 是非标志是指总体中所有单位按某种变异标志划分为具有某种属性和不具有某种属性两类,即"是"与"非"两类。是非标志值只取两个值——"是"取"1","非"取"0"。

$$x = \begin{cases} 1, 具有某种属性的单位标志值 \\ 0, 不具有某种属性的单位标志值 \end{cases}$$

12. 总体单位数为 n,取值为"1"的总体单位数用 n_1 表示,其比重(又称成数)用 p 表示;取

值为"0"的单位数用 n_0 表示,其比重用 q 表示,则 $n = n_0 + n_1$;$p = \dfrac{n_1}{n}$;$q = \dfrac{n_0}{n}$;$p + q = 1$。

13. 是非标志值的标准差 $\sigma = \sqrt{pq}$。

14. 偏度就是次数分布的相对偏斜程度,也是总体各标志值次数分布的非对称程度,记作 SK_p。在次数分布完全对称的情况下,算术平均数、中位数和众数三者相等;而在偏态分布中,算术平均数、中位数和众数的数值存在差异。如果次数分布在中位数两边并不完全对称,称为偏态分布。偏态分布分为右偏分布和左偏分布。右偏分布时,算术平均数大于众数,又称正偏分布;左偏分布时,算术平均数小于众数,又称负偏分布。

15. 偏态绝对量 = 算术平均数($\bar{x}$) - 众数(M_0)。

算术平均数与众数的距离越大,偏态的绝对量越大,表示次数分布的非对称程度越大;算术平均数与众数的距离越小,偏态的绝对量越小,表示次数分布的非对称程度越小。

16. 偏态系数是偏态的绝对量与其标准差之比,用 SK_p 表示。偏态系数是从相对数上表明偏态程度,又称偏度,$SK_p = \dfrac{\bar{x} - M_0}{\sigma}$,$SK_p$ 绝对值越大,表示偏度越大;SK_p 绝对值越小,表示偏度越小。偏态系数 SK_p 的取值为 $[-3, 3]$,取值为正值时,属于正偏;取值为负值时,属于负偏。

17. 统计学上经常使用中心动差来测定次数分布的偏斜或尖峭程度。三阶中心动差 m_3 通常是测定偏态系数的一个重要指标。其公式为

$$\alpha = \frac{m_3}{\sigma^3}$$

式中 α 代表动差法的偏态系数,即偏度。$|\alpha|$ 越大,表示偏度越大;$|\alpha|$ 越小,表示偏度越小。当 $\alpha = 0$ 时为对称分布。当 $\alpha < 0$ 时,分布呈左偏态或负偏态(值越小,说明负偏的程度越大)。当 $\alpha > 0$ 时,分布呈右偏态或正偏态(值越大,说明正偏的程度越大)。

18. 峰度就是测定次数分布曲线顶端的尖峭或扁平程度的指标。当次数分布数列的次数比较集中于众数的位置,使次数分布曲线的顶部较正态分布曲线更为陡峭,属于尖顶峰度;当次数分布数列的次数在众数的位置比较分散,使分布曲线的峰顶较正态分布曲线更为平滑的,属于平顶峰度;当次数分布曲线与正态分布曲线完全相同的,属于正态峰度。峰度的公式为

$$\beta = \frac{m_4}{\sigma^4} = \frac{m_4}{\sqrt{m_2^2}} = \frac{m_4}{m_2}$$

当 $\beta = 3$ 时,次数分布曲线为正态曲线;

当 $\beta < 3$ 时,次数分布曲线为平顶曲线;

当 $\beta > 3$ 时,次数分布曲线为尖顶曲线。

β 值越小,次数分布曲线顶端越平坦;β 值越大,次数分布曲线顶端越尖峭。

6.3 习题

一、单选题

1. 某企业 2018 年职工平均工资为 5 200 元,标准差为 110 元,2019 年职工平均工资增长了 40%,标准差增大到 150 元。职工平均工资的相对变异(　　　　)。

A. 增大 B. 减小 C. 不变 D. 不能比较

2. 在变异指标中,其数值越小则( )。

A. 反映变量值越分散,平均数代表性越低

B. 反映变量值越集中,平均数代表性越高

C. 反映变量值越分散,平均数代表性越高

D. 反映变量值越集中,平均数代表性越低

3. 若把全部产品分为合格品与不合格品,所采用的标志属于( )。

A. 品质标志 B. 数量标志 C. 不变标志 D. 是非标志

4. 若两组数列的计量单位不同,在比较两数列的离散程度大小时,应采用( )。

A. 全距 B. 平均差 C. 标准差 D. 标准差系数

5. 若 $n = 20$,$\sum x = 200$,$\sum x^2 = 2\,080$,则标准差为( )。

A. 2 B. 4 C. 1.5 D. 3

6. 非众数组的频数占总频数的比例称为( )。

A. 平均差 B. 变异系数 C. 异众比率 D. 标准差

7. 是非标志方差的最大值为( )。

A. 1 B. 0.5 C. 0.25 D. 0.025

8. 各变量值与其平均数的离差的平方的平均数为( )。

A. 极差 B. 标准差 C. 方差 D. 平均差

9. 变量值与其平均数的离差除以标准差后的值称为( )。

A. 变异系数 B. 标准分数 C. 方差 D. 标准差

10. 比较两组数据的离散程度最适合的统计量是( )。

A. 极差 B. 变异系数 C. 平均差 D. 标准差

11. 可以反映标志值变化范围的变异指标是( )。

A. 平均差 B. 标准差 C. 方差 D. 极差(全距)

12. ( )是对极差指标的一种改进,就是从变量数列中剔除了一部极端值之后重新计算的类似于极差的指标。

A. 四分位差 B. 分位差 C. 平均差 D. 方差

13. 可以反映变量数列偏斜程度的指标是( )。

A. 方差 B. 标准差 C. 偏度 D. 峰度

14. 对于右偏分布,平均数、中位数和众数的关系是( )。

A. 平均数 > 中位数 > 众数 B. 平均数 > 众数 > 中位数

C. 众数 > 平均数 > 中位数 D. 中位数 > 平均数 > 众数

15. 离散系数越大,总体各单位离散的相对程度( ),平均数的代表性( );离散系数越小,总体各单位离散的相对程度( ),平均数的代表性( )。( )

A. 越大,越差,越小,越好 B. 越大,越好,越小,越差

C. 越小,越差,越大,越好 D. 越小,越好,越大,越差

二、多选题

1. 变异指标可以反映( )。

A. 平均数的代表性大小 B. 总体各单位标志值分布的集中趋势

C.总体各单位标志值的集中趋势　　　　D.社会生产的规模和水平

E.产品质量的稳定性

2.标准差的意义是(　　　)。

A.标准差越大,表示标志变异越大　　　　B.标准差越小,表示标志变异越小

C.标准差越大,表示总体集中趋势越大　　D.标准差越大,表示平均数代表性越好

E.标准差等于0,表示平均数代表性为100%

3.是非标志的标准差是(　　　)。

A. $\sqrt{p+q}$　　　　B. $\sqrt{pq}$　　　　C. $\sqrt{p-pq}$　　　　D. $\sqrt{(1-p)(1-q)}$

E. $\sqrt{p(1-p)}$

4.当 SK 系数大于零时,则变量分布为(　　　)。

A.右偏　　　　　　B.左偏　　　　　　C.负偏　　　　　　D.正偏　　　E.对称

5.下列哪些情况下必须计算离散系数来比较两数列的离散程度大小(　　　)。

A.平均数大的标准差也大,平均数小的标准差也小

B.平均数大的标准差小,平均数小的标准差大

C.两平均数相等

D.两数列的计量单位不同

E.两标准差相等

三、判断题(正确的打"√",错误的打"×",并填写在题后的括号中)

1.变异系数是用来比较计量单位不同的总体之间离散程度的,如果总体的水平不同,则可以用标志变异指标来进行比较。　　　　　　　　　　　　　　　　　　(　　　)

2.如果一个数据的标准分数是 -2,表明该数据比平均数低2个标准差。　(　　　)

3.两组数据的平均数不等,但标准差相等,则平均数小的,离散程度小。　(　　　)

4.如果两组数据的标准差不同,则它们平均数的代表性也不同。　　　　(　　　)

5.如果一组数据的分布是对称的,则偏态系数等于0。　　　　　　　　(　　　)

6.峰态系数大于0,表明该组数据是尖峰分布。　　　　　　　　　　　(　　　)

7.偏度系数是以标准差为度量单位计算的算术平均数与众数的离差。　　(　　　)

8.在比较成人组和幼儿组身高的稳定性时,可以使用平均差或标准差。　(　　　)

9.标准差的计算应用了最小平方原理,所以标准差是反映标志变异的最理想的计算方法。　　　　　　　　　　　　　　　　　　　　　　　　　　　　(　　　)

10.变异系数的计算公式为平均指标除以变异指标。　　　　　　　　　(　　　)

四、简答题

1.变异指标的作用是什么?

2. 平均差与标准差各有什么特点？

3. 什么是标准差系数？它有什么作用？

4. 什么是偏度？应如何测定？

5. 什么是峰度？应如何测定？

6. 常用的变异指标有哪些？它们与平均指标有什么区别。

7. 计算平均差指标为什么要用离差的绝对值($|x_i - \bar{x}|$)求平均而不用离差($x_i - \bar{x}$)求平均。

五、计算题

1. 某装配车间有 100 名工人,随机抽取 8 名工人统计工人日装配零件数(件)为 5、6、8、9、8、9、9、10,求平均差。

2. 某班 40 名同学的统计学成绩分布见表 1,根据数据资料计算该班统计学成绩的平均成绩、全距、平均差、标准差。

表 1 统计学成绩分布表

按成绩分组/分	人数/人
60 以下	2
60 ~ 70	6
70 ~ 80	10
80 ~ 90	19
90 以上	3
合计	40

3. 有一组数列由 25 个正整数组成,已知其平均数是 20,标准差是 3,若从数列中去掉 1 个为 10 的数,请计算新数列的标准差系数。

4. 某企业甲乙两个车间各有工人 8 名,每人日产量见表 2,计算甲乙两个车间的全距和标准差,并加以比较说明。

表 2　甲乙车间工人日产量

甲车间	6	10	12	13	15	16	19	20
乙车间	9	10	12	14	17	18	20	21

5. 某工厂生产的一批儿童玩具需要进行手工组装,目前可用的组装方法有 3 种。为了检验这 3 种方法的优劣,在技能熟练程度差不多的工人中随机选了 10 名,让他们分别用 3 种方法组装玩具,在相同时间内组装的玩具数量见表 3。

表 3　不同方法组装玩具数量

方法 1	方法 2	方法 3
64	29	65
67	30	68
68	29	70
65	30	65
70	31	75
65	30	67
64	29	64
68	27	70
62	28	63
63	28	64

（1）如何评价3种组装方法的优劣？

（2）你会选择哪种组装方法？为什么？

6. 某班级共有100名学生，在统计学期末考试中，男生的平均成绩是70分，标准差是5分，女生的平均成绩为80分，标准差是5分。

（1）若该班的男女生人数一样，则全班的平均分是多少？标准差是多少？

（2）若该班的男女生比例为3∶2，则全班的平均分是多少？标准差是多少？

（3）若该班的男女生比例为2∶3，则全班的平均分是多少？标准差是多少？

（4）比较（1）、（2）、（3）的平均分有何变化，并解释变化的原因。

（5）比较（2）、（3）的标准差有何变化，并解释变化的原因。

7. 根据下列变量数列，见表4。

表4　学生成绩分组表

分数/分	学生人数/人
60以下	5
60~70	15
70~80	20
80~90	15
90分以上	5

（1）计算其次数分布的偏度系数；

（2）计算成绩及格率的均值和方差。

8. 甲、乙两单位工人的生产资料见表5。

表5 甲、乙单位生产情况统计

日产量/(件·人$^{-1}$)	甲单位工人数/人	乙单位总产量/件
3	40	30
4	80	40
5	60	120
6	20	60

(1)计算甲、乙两个单位工人的平均日产量。

(2)分析哪个单位工人的日产量稳定？为什么？

第 **7** 章
时间序列指标

7.1 重点与难点

时间序列分析是对经济现象进行动态分析的主要方法。本章介绍了时间序列指标的相关知识,包括时间序列的作用、种类和编制原则、水平指标、速度指标。通过本章的学习,要求掌握时间序列的一般概念、种类及编制的基本原则;熟练掌握时间序列的各种分析指标(水平指标和速度指标),关于时间序列指标的应用将在第 15 章详细介绍。

7.2 要点

1. 时间序列也称动态数列,是统计数据按时间先后顺序排列而形成的一种数列,时间序列由两个要素构成,即现象所属的时间和反映客观现象在各个时间上的统计指标值。

2. 时间序列的作用:

(1)描述社会客观现象在不同时间的发展状态和过程。

(2)说明事物的比例关系,揭示事物变动的程度。

(3)考察社会经济现象发展变化的方向、速度、趋势及其变化的规律。

(4)预测社会经济现象未来的变化状态。

(5)时间序列是历史资料的积累,可以系统地保存资料。

3. 时间序列的种类:

(1)绝对数时间序列。按其反映的社会现象性质不同,又分为时期序列和时点序列。时期序列是以时期数指标值排列而成的绝对数时间序列,反映某种现象在一段时期内的累计量;时点序列是以时点数指标值排列而成的绝对数时间序列,反映某种现象在一定时点(瞬间)上的发展状况。

(2)相对数时间序列是指由一系列同类的相对指标数值所构成的时间序列,反映客观现象之间相互联系程度的发展过程。在相对数时间序列中,各个指标值是不能相加的。

（3）平均数时间序列是由一系列同种平均指标按时间先后顺序排列而成的时间序列,反映客观事物不同时期一般水平的发展变化过程。

4.时间序列的编制原则:①时间长短要统一;②总体范围统一;③含义要统一;④计算方法要统一。

5.发展的水平指标包括发展水平、平均发展水平、增长量、平均增长量。

6.发展水平是时间序列的每一项具体指标值(指标一般用总量指标,也可用相对指标,还可用平均指标),反映客观现象在一定时期或时点上所达到的规模或水平,是计算其他动态分析指标的基础。

7.发展水平在文字说明上,一般用"增加到""增加为"或"降低到""降低为"来表示。

8.增长量是说明时间序列水平在一定时期内增长的绝对数量的指标。其计算公式为:增长量 = 报告期发展水平 – 基期发展水平,增长量可为正值,也可为负值。增加时为正,减少时为负。

9.根据研究目的不同,选择基期也有所不同,因而增长量可分为累计增长量和逐期增长量两种。

累计增长量可分别表示为: $a_1 - a_0, a_2 - a_0, a_3 - a_0, \cdots, a_{n-1} - a_0, a_n - a_0$

逐期增长量用符号表示为: $a_1 - a_0, a_2 - a_1, a_3 - a_2, \cdots, a_n - a_{n-1}$

累计增长量等于相应时期的逐期增长量之和,即

$$a_n - a_0 = (a_1 - a_0) + (a_2 - a_1) + \cdots + (a_n - a_{n-1})$$

逐期增长量等于相应时期的累计增长量与前一期累计增长量的差额,即

$$a_n - a_{n-1} = (a_n - a_0) - (a_{n-1} - a_0)$$

10.年距增长量又称同比增长量。在实际工作中,为了消除季节差异的影响,经常以计算可比口径的年距增长量来反映不同年份相同季节的实际变动状况。计算公式为:年距增长量 = 本期发展水平 – 去年同期发展水平。

11.平均发展水平是对时间序列中不同时间上的指标值加以平均所得的平均数,又称序时平均数,反映现象在一定时间上的一般水平。

（1）时期序列的序时平均数

$$\bar{a} = \frac{\sum_{i=1}^{n} a_i}{n}$$

（2）间隔相等的连续时点序列序时平均数

$$\bar{a} = \frac{\sum_{i=1}^{n} a_i}{n}$$

（3）间隔不相等的连续时点序列序时平均数

$$\bar{a} = \frac{\sum_{i=1}^{n} a_i f_i}{\sum_{i=1}^{n} f_i}$$

（4）间隔相等的间断时点序列序时平均数

$$\bar{a} = \frac{\dfrac{a_1 + a_n}{2} + \sum_{i=2}^{n-1} a_i}{n - 1}$$

（5）间隔不相等的间断时点序列序时平均数

$$\bar{a} = \frac{\sum_{i=1}^{n-1} \dfrac{a_i + a_{i+1}}{2} \cdot f_i}{\sum_{i=1}^{n-1} f_i}$$

12. 相对数时间序列属于派生序列，它是由两个具有密切联系的绝对数时间数列相对比而形成的，一般不宜直接将数列中的相对数简单加总平均，而应分别计算出构成相对数时间序列的分子序列与分母序列的平均发展水平，然后进行对比，求得相对数时间序列的序时平均数。其计算公式为 $\bar{c} = \dfrac{\bar{a}}{\bar{b}}$，$\bar{c}$ 表示相对数时间序列的序时平均数；$\bar{a}$ 表示分子项总量指标时间序列的序时平均数；$\bar{b}$ 表示分母项总量指标时间序列的序时平均数。

（1）由两个时期序列对比而成的

$$\bar{c} = \frac{\sum_{i=1}^{n} a_i}{\sum_{i=1}^{n} b_i}$$

（2）由两个时点序列对比而成的

$$\bar{c} = \frac{\dfrac{a_1 + a_n}{2} + \sum_{i=2}^{n-1} a_i}{\dfrac{b_1 + b_n}{2} + \sum_{i=2}^{n-1} b_i}$$

（3）由一个时期序列和一个时点数列对比而成的

$$\bar{c} = \frac{\sum_{i=1}^{n} a_i}{\dfrac{b_1 + b_n}{2} + \sum_{i=2}^{n-1} b_i}$$

13. 平均增长量是说明客观现象在一定时期内平均每期增长的数量

（1）水平法计算平均增长量

$$\Delta = \frac{a_n - a_0}{n}$$

（2）累计法计算平均增长量

$$\Delta = \frac{\sum_{i=1}^{n} a_i - n a_0}{1 + 2 + 3 + \cdots + n} = \frac{2 \left(\sum_{i=1}^{n} a_i - n a_0 \right)}{n(n + 1)}$$

14. 速度指标是动态分析指标，可用来分析和比较某现象在不同发展时期、不同地区、不同部门和不同国家之间的发展变化程度。时间序列的速度分析主要研究发展速度、增长速度、平均发展速度、平均增长速度和增长百分之一的绝对值。

$$发展速度 = \frac{报告期水平}{基期水平}$$

$$环比发展速度 = \frac{报告期水平}{报告期前一期水平} \quad 或 \quad \frac{a_1}{a_0}, \frac{a_2}{a_1}, \frac{a_3}{a_2}, \cdots, \frac{a_n}{a_{n-1}}$$

$$定基发展速度 = \frac{报告期水平}{某一固定基期水平} \quad 或 \quad \frac{a_1}{a_0}, \frac{a_2}{a_0}, \frac{a_3}{a_0}, \cdots, \frac{a_n}{a_0}$$

定基发展速度等于相应各个环比发展速度的连乘积

$$\frac{a_1}{a_0} \times \frac{a_2}{a_1} \times \frac{a_3}{a_2} \times \cdots \times \frac{a_n}{a_{n-1}} = \frac{a_n}{a_0}$$

相邻两个时期定基发展速度之比等于相应时期的环比发展速度

$$\frac{a_n}{a_0} \div \frac{a_{n-1}}{a_0} = \frac{a_n}{a_{n-1}}$$

15. 增长速度是反映社会经济现象增长程度的动态相对数,它可以根据增长量与基期水平对比求得,用以说明报告期水平比基期水平增加了若干倍(或百分之几)。

$$增长速度 = \frac{报告期水平 - 基期水平}{基期水平} = 发展速度 - 1$$

$$环比增长速度 = \frac{逐期增长量}{前一期水平} = 环比发展速度 - 1$$

或

$$\frac{a_1 - a_0}{a_0}, \frac{a_2 - a_1}{a_1}, \frac{a_3 - a_2}{a_2}, \cdots, \frac{a_n - a_{n-1}}{a_{n-1}}$$

或

$$\frac{a_1}{a_0} - 1, \frac{a_2}{a_1} - 1, \frac{a_3}{a_2} - 1, \cdots, \frac{a_n}{a_{n-1}} - 1$$

$$定基增长速度 = \frac{累计增长量}{固定基期水平} = 定基发展速度 - 1$$

或

$$\frac{a_1 - a_0}{a_0}, \frac{a_2 - a_0}{a_0}, \frac{a_3 - a_0}{a_0}, \cdots, \frac{a_n - a_0}{a_0}$$

或

$$\frac{a_1}{a_0} - 1, \frac{a_2}{a_0} - 1, \frac{a_3}{a_0} - 1, \cdots, \frac{a_n}{a_0} - 1$$

$$年距增长速度 = \frac{年距增长量}{上年同期发展水平} = 年距发展速度 - 1$$

16. 平均发展速度 $\bar{v} = \sqrt[n]{\dfrac{a_1}{a_0} \times \dfrac{a_2}{a_1} \times \cdots \times \dfrac{a_n}{a_{n-1}}} = \sqrt[n]{\dfrac{a_n}{a_0}}$

17. 平均增长速度 = 平均发展速度 - 1(或 100%)

18. 增长百分之一的绝对值 $= \dfrac{逐期增长量}{环比增长速度 \times 100} = \dfrac{上期水平}{100}$

7.3　习题

一、单选题

1. 下列数列属于时间序列数据的是(　　　)。

A. 2018 年我国的 GDP   B. 2018 年底我国的人口数

C. 2010—2015 年我国的国民收入   D. 2019 年 7 月我国的进口额

2. 下列数列中属于时点数列的是(   )。

A. 国内生产总值数列   B. 投资率数列

C. 人口数数列   D. 出生人数数列

3. 某地区 2010—2018 年排列的每年年终人口数动态数列是(   )。

A. 绝对数动态数列   B. 绝对数时点数列

C. 相对数动态数列   D. 平均数动态数列

4. 下列数列中属于动态数列的是(   )。

A. 学生按学习成绩分组形成的数列   B. 企业按类型分组形成的数列

C. 职工按工资水平高低排列形成的数列   D. 进口额按时间先后顺序排列形成的数列

5. 下列数列中属于绝对数数列的是(   )。

A. 国内生产总值数列   B. 平均工资数列

C. 新增人口率数列   D. 利润率数列

6. 编制动态数列的基本原则是要使动态数列中各项指标数值具有(   )。

A. 可加性   B. 可比性   C. 一致性   D. 同质性

7. 编制时间序列的基本原则是(   )。

A. 互斥原则   B. 穷尽原则   C. 排他原则   D. 可比性原则

8. 下列等式中,不正确的是(   )。

A. 发展速度 = 增长速度 + 1

B. 定基发展速度 = 相应各环比发展速度的连乘积

C. 定基增长速度 = 相应各环比增长速度的连乘积

D. 平均增长速度 = 平均发展速度 − 1

9. 已知环比增长速度为 5%、6%、7%、8%,则定基增长速度为(   )。

A. 5% × 6% × 7% × 8%   B. 5% × 6% × 7% × 8% − 100%

C. 105% × 106% × 107% × 108%   D. 105% × 106% × 107% × 108% − 100%

10. 用累计增长量计算平均增长量的公式是(   )。

A. $\overline{\Delta} = \dfrac{a_n - a_0}{n - 1}$ B. $\overline{\Delta} = \dfrac{\sum (a_i - a_{i-1})}{n}(i = 1, 2, \cdots, n)$

C. $\overline{\Delta} = \dfrac{a_n - a_0}{N - 1}$ (N 为时间序列的项数)   D. $\overline{\Delta} = \dfrac{a_i}{a_{i-1}}$

11. 累计增长量与其相应的各个逐期增长量的关系表现为(   )。

A. 累计增长量等于相应的各个逐期增长量之积

B. 累计增长量等于相应的各个逐期增长量之和

C. 累计增长量等于相应的各个逐期增长量之差

D. 以上都不对

12. c 为相对数时间数列,等于 a/b。计算其序时平均数应为(   )。

A. $\overline{c} = \dfrac{\sum c}{n}$ B. $\overline{c} = \dfrac{\dfrac{c_1}{2} + c_2 + \cdots + c_{n-1} + \dfrac{c_n}{2}}{n}$

C. $\bar{c} = \dfrac{a}{b}$ $\qquad\qquad\qquad\qquad$ D. $\bar{c} = \dfrac{\bar{a}}{b}$

13. 对时点数列计算序时平均数,如果是间隔相等(以日为间隔)且完整的连续资料,计算平均发展水平应按( )。

A. 简单算术平均法 $\qquad\qquad$ B. 几何平均法

C. 首末折半法 $\qquad\qquad\qquad$ D. 加权序时平均法

14. 4 月、5 月、6 月、7 月的平均职工人数分别为 200、210、205、220 人,则该企业第二季度的平均职工人数的计算方法为( )。

A. $(200 + 210 + 205 + 220)/4$ $\qquad$ B. $(200 + 210 + 205)/3$

C. $(200/2 + 210 + 205 + 220/2)/(4 - 1)$ $\quad$ D. $(200/2 + 210 + 205 + 220/2)/4$

15. 某地区的税收收入 2018 年比 2017 年增长了 12%,2017 年比 2016 年增长了 11%,则 2018 年比 2016 年增长了( )。

A. 1% $\qquad$ B. 23.2% $\qquad$ C. 32% $\qquad$ D. 24.32%

16. 某产品的价格周一上涨了 5%,周二上涨了 4%,周三下跌了 3%,周四上涨了 10%,周五下跌了 2%,该产品本周的平均涨幅为( )。

A. $5\% \times 4\% \times 3\% \times 10\% \times 2\%$

B. $(105\% + 104\% + 97\% + 110\% + 98\%)/5$

C. $(105\% + 104\% + 97\% + 110\% + 98\%)/(5 - 1)$

D. $\sqrt{105\% \times 104\% \times 97\% \times 110\% \times 98\%} - 1$

17. 计算平均发展速度的方法有( )。

A. 移动平均法和最小二乘法 $\qquad$ B. 时距扩大法和移动平均法

C. 几何平均法和调和平均法 $\qquad$ D. 几何平均法和高次方程法

二、多选题

1. 动态数列中的派生数列是( )。

A. 时期数列 $\qquad$ B. 时点数列 $\qquad$ C. 绝对数动态数列 $\quad$ D. 相对数动态数列

E. 平均数动态数列

2. 构成动态数列的两个基本要素是( )。

A. 指标名称 $\qquad$ B. 指标数值 $\qquad$ C. 指标单位 $\qquad$ D. 现象所属的时间

E. 现象的处理地点

3. 根据动态数列中不同时期的发展水平所求的平均数称为( )。

A. 序时平均数 $\qquad$ B. 算术平均数 $\qquad$ C. 几何平均数 $\qquad$ D. 平均发展水平

E. 平均发展速度

4. 动态数列中的发展水平具体包括( )。

A. 期初水平和期末水平 $\qquad\qquad$ B. 报告期水平和基期水平

C. 平均发展水平 $\qquad\qquad\qquad$ D. 中间水平

E. 增长量

5. 下列描述正确的有( )。

A. 定基发展速度等于相应各个环比发展速度的连乘积

B. 相邻两个时期定基发展速度之比等于相应时期的环比发展速度

C. 环比增长速度 = $\dfrac{逐期增长量}{前一期水平}$ = 环比发展速度 -1

D. 定基增长速度 = $\dfrac{累计增长量}{固定基期水平}$ = 定基发展速度 -1

E. 平均增长速度 = 平均发展速度 -1

三、判断题(正确的打"√",错误的打"×",并填写在题后的括号中)

1. 绝对数时间序列可分为时期数列和时点数列,而相对数时间数列和平均数时间数列不能区分时期数列和时点数列。 (　　)

2. 若将某地区社会商品库存额按时间先后顺序排列,此种动态数列属于时期数列。

(　　)

3. 在各种动态数列中,指标值的大小都受到指标所反映的时期长短的制约。 (　　)

4. 只有绝对数时间序列可以计算序时平均数。 (　　)

5. 增长量是总量指标报告期水平与基期水平之比,表明该指标在一定时期内增加或减少的相对数量。 (　　)

6. 相应时期内各环比发展速度的连乘积等于相应时期的定基发展速度。 (　　)

7. 累计增长量等于相应各逐期增长量之和。 (　　)

8. 平均增长量是时间序列中逐期增长量的序时平均数,不能用累计增长量计算。 (　　)

9. 发展速度是以相对数形式表示的两个不同时期发展水平的比值,表明报告期水平已发展到基期水平的几分之几。 (　　)

10. 定基增长速度等于相应的各个环比增长速度的连乘积。 (　　)

11. 定基发展速度等于相应各个环比发展速度的连乘积。 (　　)

12. 相邻两个时期定基发展速度之比等于相应时期的环比增长速度。 (　　)

13. 平均增长速度 = 平均发展速度 $+1$。 (　　)

14. 环比增长速度等于环比发展速度 -1。 (　　)

15. 定基增长速度等于定基发展速度 $+1$。 (　　)

四、简答题

1. 动态平均数与静态平均数有哪些异同?

2. 影响时间序列变动的因素有哪些?

3. 什么是时间序列? 编制时间序列时应注意哪些基本要求?

4. 由时期序列和时点序列计算序时平均数有什么不同?

5. 环比发展速度和定基发展速度有什么关系?

6. 什么是增长量？逐期增长量和累计增长量有什么关系？

7. 什么是序时平均数？序时平均数与一般平均数有什么区别？

8. 为什么计算平均发展速度不能用算术平均数计算？

五、计算题

1. 我国 2001—2007 年粮食产量见表 1，计算这 7 年我国平均粮食产量。

表 1   2001—2007 年我国粮食产量   单位:万 t

年份	2001	2002	2003	2004	2005	2006	2007
粮食产量	45 263.67	45 705.75	43 069.53	46 946.95	48 402.19	49 747.89	50 148.3

2.某学期第一周,班长作的考勤表见表2,计算第一周的平均出勤人数。

表2 某班学生出勤情况表 单位:人

日期	星期一	星期二	星期三	星期四	星期五
出勤人数	36	37	40	40	39

3.某企业2019年3月产品库存见表3,试计算该企业2019年3月平均库存量。

表3 企业产品库存量

日期	1—5日	6—12日	13—17日	18—24日	25—31日
库存量/万台	12	15	30	13	20

4.某企业第三季度职工人数见表4,计算该企业第三季度职工月平均人数。

表4 某企业第三季度职工人数

时间	6月30日	7月31日	8月31日	9月30日
职工人数/人	480	495	500	540

5. 某企业成品仓库中某产品的库存量见表5,计算月平均库存量。

表5 某企业年某产品的库存量资料

时间	1月1日	4月1日	8月1日	10月1日	12月31日
库存量/台	50	65	40	59	0

6. 根据下表数据,计算2000—2006年人口城镇化率(城镇人口占总人口的比重)并填入表6中。

表6 我国2000—2006年城乡人口构成情况

年份	2000	2001	2002	2003	2004	2005	2006
年末城镇人口/万人	45 906	48 064	50 212	52 376	54 283	56 212	57 706
年末总人口数/万人	126 743	127 627	128 453	129 227	129 988	130 756	131 448
城镇人口比重/%							

7. 根据表7中的数据,将表中空格填全。

表7 2000—2007年全国高等学校招生人数情况

年份	2000	2001	2002	2003	2004	2005	2006	2007
招生人数/万人	220.6	268.3	320.5	382.2	447.3	504.5	546.1	565.9
环比发展速度/%	—							
定基发展速度/%	—							
环比增长速度/%	—							
定基增长速度/%	—							

8. 根据动态指标的相互关系,填写表8中的空格。

表8 某企业2011—2015年销售额变化情况

年份	销售额/万元	与上年比较			
		增长量/万元	发展速度/%	增长速度/%	每增长1%的绝对值
2011	100	—	—	—	—
2012		10			
2013			108		
2014				6	
2015		5			

9. 某企业2019年的营业额比上年增长了6.3%,增长的绝对数量为110万元,那么增长1%时其增长量为多少?

10. 某企业2018年下半年工人数和生产产量资料见表9。计算:
(1)该企业2018年下半年的平均每月工人数;
(2)该企业2018年下半年的平均每月生产产量;
(3)该企业2018年下半年的平均月劳动生产率。

表9 某企业2018年下半年生产情况

月份	2018年7月	8月	9月	10月	11月	12月	2019年1月
月初工人数/人	800	900	950	1 000	1 250	1 100	1 300
产量/万t	500	510	540	550	575	570	—

第**8**章
统计指数

8.1　重点与难点

　　本章介绍了统计指数的理论与方法,包括综合指数、平均指数、指数体系与因素分析、经济指数与综合评价指数。通过本章的学习,理解统计指数的概念;了解统计指数的种类及编制的方法;重点掌握综合指数、平均数指数的编制原理;了解拉氏综合指数、帕氏综合指数、马歇尔-埃奇沃斯指数、费雪理想指数和成本计划完成指数;理解指数体系的概念;重点掌握总量指标变动的两因素分析和平均指标变动的两因素分析;了解几种常用的经济指数的编制方法和综合评价指数。其中总量指标和平均指标变动的因素分析也是本章的难点。

8.2　要点

　　1.统计指数是一种对比性的分析指标,具有相对数的表现形式,用以研究社会经济现象时间变动和空间对比关系。广义地讲,两个数值对比形成的相对数都可以称为指数,是说明同类现象对比的相对数。狭义地讲,指数是反映所研究的不同事物综合变动的一种特殊相对数,是综合反映不能直接相加的社会经济现象总体总动态的相对数。本书讨论的指数主要是狭义的指数。

　　2.统计指数的性质:综合性、代表性、相对性、平均性。

　　3.统计指数按研究对象的范围不同,分为个体指数和总指数;按指数反映的内容不同,分为数量指标指数和质量指标指数;按指数反映现象时期的不同,分为动态指数和静态指数等。

　　4.综合指数是由两个总量指标进行对比所得的动态相对数。综合指数是编制和计算总指数的一种基本形式。

　　5.个体指数

　　$K_p = \dfrac{p_1}{p_0}$,式中:K_p 为个体质量指标指数;p_1 为报告期质量指标;p_0 为基期质量指标。

$K_q = \dfrac{q_1}{q_0}$，式中：K_q 为个体数量指标指数；q_1 为报告期数量指标；q_0 为基期数量指标。

6. 数量综合指数

$$\overline{K_q} = \frac{\sum q_1 p_0}{\sum q_0 p_0}$$

$\overline{K_q} = \dfrac{\sum q_1 p_1}{\sum q_0 p_1}$，式中：$\overline{K_q}$ 为数量指标指数。

7. 质量综合指数

$$\overline{K_p} = \frac{\sum p_1 q_0}{\sum p_0 q_0}$$

$\overline{K_p} = \dfrac{\sum p_1 q_1}{\sum p_0 q_1}$，式中：$\overline{K_p}$ 为数量指标指数。

8. 拉氏综合指数

拉氏质量指标综合指数：$\overline{K_p} = \dfrac{\sum p_1 q_0}{\sum p_0 q_0}$

拉氏数量指标综合指数：$\overline{K_q} = \dfrac{\sum q_1 p_0}{\sum q_0 p_0}$

9. 帕氏综合指数

帕氏质量指标综合指数：$\overline{K_p} = \dfrac{\sum p_1 q_1}{\sum p_0 q_1}$

帕氏数量指标综合指数：$\overline{K_q} = \dfrac{\sum q_1 p_1}{\sum q_0 p_1}$

10. 马歇尔-埃奇沃斯指数

质量指数公式：

$$\overline{K_p} = \frac{\sum \dfrac{p_1(q_0 + q_1)}{2}}{\sum \dfrac{p_0(q_0 + q_1)}{2}} = \frac{\sum p_1 q_0 + \sum p_1 q_1}{\sum p_0 q_0 + \sum p_0 q_1}$$

数量指数公式：

$$\overline{K_q} = \frac{\sum \dfrac{q_1(p_0 + p_1)}{2}}{\sum \dfrac{q_0(p_0 + p_1)}{2}} = \frac{\sum q_1 p_0 + \sum q_1 p_1}{\sum q_0 p_0 + \sum q_0 p_1}$$

11. 费雪理想指数

质量指数公式：$\overline{K_p} = \sqrt{\dfrac{\sum p_1 q_0}{\sum p_0 q_0} \times \dfrac{\sum p_1 q_1}{\sum p_0 q_1}}$

数量指数公式：$\overline{K_q} = \sqrt{\dfrac{\sum p_0 q_1}{\sum p_0 q_0} \times \dfrac{\sum p_1 q_1}{\sum p_1 q_0}}$

12. 成本计划完成指数

$\overline{K_z} = \dfrac{\sum z_1 q_n}{\sum z_0 q_n}$，式中：$z_1$ 为实际单位成本，z_0 为计划单位成本，q_n 为计划产品产量。

13. 以个体指数为基础，通过对个体指数进行加权平均而得到的总指数就是平均指数。平均指数是在个体指数的基础上计算总指数，即先对比后综合。按采用平均方法的不同，分为加权算术平均指数和加权调和平均指数；按不同的权数，分为基期价值总量 $p_0 q_0$ 权数、报告期价值总量 $p_1 q_1$ 权数和固定权数 W 三种。

14. 数量指标平均法指数

$$\overline{K_q} = \frac{\sum K_q q_0 p_0}{\sum q_0 p_0} = \sum K_q \frac{q_0 p_0}{\sum q_0 p_0}$$

15. 质量指标平均法指数

$$\overline{K_p} = \frac{\sum p_1 q_1}{\sum p_0 q_1} = \frac{\sum p_1 q_1}{\sum \dfrac{1}{K_p} p_1 q_1}$$

16. 固定权数平均指数

$\overline{K} = \dfrac{\sum KW}{\sum W}$，$K$ 为个体指数；W 为固定权数。

17. 把这种经济上有联系、在数量上保持一定关系的三个或三个以上的指数称为指数体系，指数体系是因素分析的基础。表现形式为：

总体总量指数 = 数量指标指数 × 质量指标指数

18. 总量指标的两因素分析

$$\frac{\sum p_1 q_1}{\sum p_0 q_0} = \frac{\sum p_0 q_1}{\sum p_0 q_0} \times \frac{\sum p_1 q_1}{\sum p_0 q_1}$$

$$\sum p_1 q_1 - \sum p_0 q_0 = \left(\sum p_0 q_1 - \sum p_0 q_0 \right) + \left(\sum p_1 q_1 - \sum p_0 q_1 \right)$$

19. 平均指标的两因素分析

$$\frac{报告期平均数}{基期平均数} = \frac{\dfrac{\sum x_1 f_1}{\sum f_1}}{\dfrac{\sum x_0 f_0}{\sum f_0}} = \frac{\dfrac{\sum x_1 f_1}{\sum f_1}}{\dfrac{\sum x_0 f_1}{\sum f_1}} \times \frac{\dfrac{\sum x_0 f_1}{\sum f_1}}{\dfrac{\sum x_0 f_0}{\sum f_0}}$$

$$\frac{\sum x_1 f_1}{\sum f_1} - \frac{\sum x_0 f_0}{\sum f_0} = \left(\frac{\sum x_1 f_1}{\sum f_1} - \frac{\sum x_0 f_1}{\sum f_1} \right) + \left(\frac{\sum x_0 f_1}{\sum f_1} - \frac{\sum x_0 f_0}{\sum f_0} \right)$$

20. 常见的经济指数

（1）居民消费价格指数（CPI）是反映城乡居民所购买的消费品价格、生活服务价格的变动趋势和变动程度的指数，是市场经济活动与政府货币政策的一个重要参考指标。

$$CPI = \frac{\sum K_P W}{\sum W}$$

（2）工业生产指数概括反映一个国家或地区各种工业产品产量的综合变动程度。工业生产指数是通过计算各种工业产品的不变价产值来加以编制的。

$$\overline{K_q} = \frac{\sum q_t q_c}{\sum q_0 p_c} \text{ 或} \overline{K_q} = \frac{\sum K_q p_0 q_0}{\sum p_0 q_0}$$

（3）产品成本指数反映生产各种产品的单位成本水平的综合变动程度。采用帕氏公式来编制，$\overline{K_p} = \dfrac{\sum p_1 q_1}{\sum p_0 q_1}$，类似地，可以编制成本计划完成情况指数，用于检查有关成本计划的执行情况，$\overline{K_p} = \dfrac{\sum p_1 q_1}{\sum p_n q_1}$，$p_n$ 表示计划单位成本水平。

（4）空间价格指数用于比较不同地区或不同国家各种商品价格的综合差异程度。以报告期和基期的数量为同度量因素，比较 A、B 两地区的价格，编制空间价格指数，
$\overline{K_p} = \dfrac{\sum p_A (q_A + q_B)}{\sum p_B (q_A + q_B)}$。

（5）股票价格指数是描述股票市场总的价格水平变化的指标。具体计算方法有综合法、相对法、加权法等三种。

综合法：股价指数 $= \dfrac{\sum P_1}{\sum P_0}$

相对法：股价指数 $= \dfrac{1}{n} \sum \dfrac{P_1}{P_0}$

加权法：股价指数 $= \dfrac{\sum p_1 q_1}{\sum p_0 q_1}$

21. 综合评价指数，根据指数分析的原理，将多个指标转化为一个能够反映综合情况的指标来进行评价，这种分析方法称为综合评价指数法。

22. 综合评价的步骤：①确定综合评价指标体系；②对不同计量单位的指标数据进行同度量处理；③确定指标体系中各指标的权数，以保证评价的科学性；④对经过处理后的指标在进行汇总计算出综合评价指数或综合评价分值；⑤根据评价指数或分值对参评单位进行排序，并由此得出结论。

8.3 习题

一、单选题

1.广义的指数说明现象数量变动程度的相对数,也就是指统计指标(   )。

A. 从时间上对比   B. 从空间上对比

C. 从条件上对比   D. 从时间或者空间上对比

2.按照指数的性质不同,指数可分为(   )。

A. 个体指数和总指数   B. 简单指数和加权指数

C. 数量指标指数和质量指标指数   D. 动态指数和静态指数

3.指数是某一现象在不同时期的两个数值进行对比的结果,因此指数的数值具有(   )。

A. 相对性   B. 综合性   C. 数量性   D. 代表性

4.在指数的概念中(   )。

A. 简单指数是指个体指数,加权指数是指总指数

B. 简单指数是指总指数,加权指数是指个体指数

C. 简单指数和加权指数都是指个体指数

D. 简单指数和加权指数都是指总指数

5.根据指数研究的范围不同,可以把它分为(   )。

A. 个体指数和总指数   B. 简单指数和加权指数

C. 综合指数和平均数指数   D. 动态指数和静态指数

6.从指数的研究范围来看,综合指数属于(   )。

A. 个体指数   B. 总指数   C. 平均指数   D. 组指数

7.编制综合指数的主要问题是(   )。

A. 确定同度量因素   B. 确定同度量因素的固定时期

C. 确定个体指数及其权数   D. 确定同度量因素及其固定时期

8.编制总指数的两种基本形式是(   )。

A. 综合指数与平均指标指数   B. 综合指数与个体指数

C. 综合指数与平均指数   D. 综合指数与总量指标指数

9.设 q 表示产品产量,p 表示产品价格,公式 $\sum p_1 q_1 - \sum p_0 q_1$ 的经济意义是(   )。

A. 反映产值变动的绝对额

B. 反映产量变动的绝对额

C. 反映由于产品价格变化而使产值变动的绝对额

D. 反映由于产品产量变化而使产值变动的绝对额

10.设 p 表示商品的价格,q 表示商品的销售量,$\dfrac{\sum p_1 q_1}{\sum p_0 q_1}$ 说明了(   )。

A. 在基期销售量条件下,价格综合变动的程度

B. 在报告期销售量条件下, 价格综合变动的程度

C. 在基期价格水平下, 销售量综合变动的程度

D. 在报告期价格水平下, 销售量综合变动的程度

11. 某超市今年与上一年相比, 所有商品的价格平均提高了 10%, 销售量平均下降了 10%, 则商品销售额(　　)。

    A. 下降　　　　　　　B. 上升　　　　　　　C. 保持不变　　　　　D. 可能上升也可能下降

12. 某企业若工资水平指数增加, 而工资总额不变, 则该企业职工人数指数(　　)。

    A. 不变　　　　　　　B. 增加　　　　　　　C. 下降　　　　　　　D. 无法预期变化

13. 按照个体价格指数和报告期销售额计算的价格指数是(　　)。

    A. 综合指数　　　　　　　　　　　　B. 平均数指数

    C. 加权算术平均数指数　　　　　　　D. 加权调和平均数指数

14. 算术平均数指数和调和平均数指数(　　)。

    A. 都是平均指标指数　　　　　　　　B. 都是平均指数

    C. 都是综合指数的分解　　　　　　　D. 都是数量指标指数

15. 根据指数所采用的基期不同, 指数可分为(　　)。

    A. 数量指标指数和质量指标指数　　　B. 拉氏指数和帕氏指数

    C. 环比指数和定基指数　　　　　　　D. 时间指数、空间指数和计划完成指数

16. 综合指数一般是(　　)。

    A. 简单指数　　　　　B. 加权指数　　　　　C. 静态指数　　　　　D. 平均指数

17. 作为综合指数变形使用的平均数指数, 下列哪项可以作为加权算术平均数指数的权数(　　)。

    A. $p_0 q_0$　　　　　　　B. $p_1 q_1$　　　　　　　C. $p_0 q_1$　　　　　　　D. $p_1 q_0$

18. 如果综合指数 $\dfrac{\sum p_1 q_1}{\sum p_0 q_1}$ 变成调和平均数指数形式, 其权数应是(　　)。

    A. $p_0 q_1$　　　　　　　B. $p_1 q_1$　　　　　　　C. w　　　　　　　　D. $p_1 q_0$

19. 平均数指数中的平均方法通常是(　　)。

    A. 简单调和平均方法　　　　　　　　B. 简单算术平均方法

    C. 加权调和平均方法　　　　　　　　D. 加权算术平均方法

20. 以 q、p 分别为产量和产品价格, k 为个体物价指数, 物价的总指数是(　　)。

    A. $\dfrac{\sum p_1 q_1}{\sum \frac{1}{k} p_1 q_1}$　　　　B. $\dfrac{\sum p_1 q_1}{\sum k p_1 q_1}$　　　　C. $\dfrac{\sum \frac{1}{k} p_0 q_0}{\sum p_0 q_0}$　　　　D. $\dfrac{\sum k p_1 q_0}{\sum p_1 q_0}$

21. 用加权平均法求总指数时所需资料(　　)。

    A. 必须是全面资料

    B. 必须是非全面资料

    C. 既可以是全面资料, 也可以是非全面资料

    D. 个体指数可以用全面调查资料, 权数一定用非全面资料

22. 由三个指数构成的指数体系中, 两个因素指数的同度量因素通常(　　)。

A. 都固定在基期

B. 都固定在报告期

C. 都用交叉权数

D. 一个固定在基期,一个固定在报告期

23. 在由三个指数所组成的指数体系中,两个因素指数的同度量因素通常(   )。

A. 都固定在基期

B. 都固定在报告期

C. 一个固定在基期,一个固定在报告期

D. 采用基期和报告期的平均

24. 在指数体系中,总量指标指数等于(   )。

A. 各因素指数之和   B. 各因素指数之差

C. 各因素指数之积   D. 各因素指数之商

25. 指数体系的多因素分析中,各因素的排列顺序是(   )。

A. 质量指标在前,数量指标在后   B. 数量指标在前,质量指标在后

C. 随意排列   D. 按时间先后排列

26. 某商店在价格不变的条件下,报告期销售量比基期增加 10% ,那么报告期商品销售额比基期增加(   )。

A. 1%   B. 5%   C. 10%   D. 3%

27. 某集团公司下属各企业工人平均劳动生产率由于各个企业工人劳动生产率提高而提高 20% ,由于各个企业工人技术构成优化组合变动而提高 15% ,则可变构成指数为(   )。

A. 138%   B. 104.35%   C. 35%   D. 133.33%

28. 在物价上涨后,同样多的人民币少购买商品 3% ,则物价指数为 (   )。

A. 97%   B. 103.09%   C. 3%   D. 109.13%

29. 两个农贸市场蔬菜的平均价格 5 月份比 4 月份提高了 20% ,由于结构的变动使平均价格降低了 5% ,则固定构成价格指数为(   )。

A. 79.17%   B. 25%   C. 126.32%   D. 114%

30. 某种产品报告期与基期比较产量增长 26% ,单位成本下降 32% ,则生产费用支出总额为基期的(   )。

A. 166.32%   B. 85.68%   C. 185%   D. 54%

31. 平均指标的因素分析中,$\dfrac{\sum x_1 f_1}{\sum x_0 f_1}$ 是(   )。

A. 结构影响指数   B. 固定构成指数   C. 可变构成指数   D. 数量指标指数

32. 某地区同类商品的平均销售价格报告期为 485 元,基期为 460 元,报告期销售量按基期价格计算的平均价格为 480 元。因此,由于商品销售结构变动和商品销售价格变动而使平均价格上涨分别为(   )。

A. 20 元与 5 元   B. 15 元与 5 元   C. 5 元与 15 元   D. 5 元与 20 元

33. 一般来讲,属于不变权数指数数列的有(   )。

A. 质量指标环比指数数列   B. 数量指标环比指数数列

C. 质量指标定基指数数列   D. 数量指标定基指数数列

34. 若销售量增加,销售额持平,则物价指数(   )。

A. 降低   B. 增长   C. 不变   D. 趋势无法确定

35. 将某地区历年工业总产值(按不变价格计算)分别与其前一期相比所形成的指数数列为(   )。

A. 定基指数数列   B. 环比指数数列   C. 可比指数数列   D. 不可比指数数列

二、多选题

1. 下列属于指数范畴的指标有(   )。

A. 动态相对数   B. 离散系数   C. 计划完成相对数   D. 季节比率

E. 比较相对指标

2. 报告期数值和基期数值之比可称为(   )。

A. 动态相对指标   B. 发展速度   C. 增长速度   D. 统计指数

E. 比例相对数

3. 下列属于质量指标指数的有(   )。

A. 价格总指数   B. 个体价格指数   C. 销售量总指数   D. 销售总额指数

E. 平均指标指数

4. 指数按选择基期的不同可分为(   )。

A. 静态指数   B. 动态指数   C. 定基指数   D. 综合指数

E. 环比指数

5. 统计指数按其反映的时态状况不同,可分为(   )。

A. 综合指数   B. 平均指数   C. 简单指数   D. 动态指数

E. 静态指数

6. 综合指数的特点是(   )。

A. 由两个总量指标对比形成

B. 固定一个或一个以上因素,仅观察其中一个因素的变动

C. 分子或分母中有一项假定指标

D. 编制时可按范围逐步扩大

E. 编制时需要全面资料

7. 如果用综合指数的形式编制工业产品产量总指数,下列哪些项目可以作为同度量因素(   )。

A. 报告期价格   B. 基期价格

C. 报告期单位成本   D. 基期单位成本

E. 工人劳动生产率

8. 帕氏的综合指数公式是(   )。

A. $\dfrac{\sum p_1 q_1}{\sum p_1 q_0}$ B. $\dfrac{\sum p_0 q_1}{\sum p_0 q_0}$ C. $\dfrac{\sum p_1 q_1}{\sum p_0 q_1}$ D. $\dfrac{\sum p_1 q_0}{\sum p_0 q_0}$ E. $\dfrac{\sum p_1 q_1}{\sum p_0 q_0}$

9. 设 p 为价格,q 为销售量,则总指数 $\dfrac{\sum p_0 q_1}{\sum p_0 q_0}$ 的意义是(   )。

A. 综合反映多种商品的销售量的变动程度

B. 综合反映商品价格和销售量的变动程度

C. 综合反映商品销售额的变动程度

D. 反映商品销售量变动对销售额变动的影响程度

E. 综合反映多种商品价格的变动程度

10. 如果用 p 表示商品价格，q 表示商品销售量，则公式 $\sum p_1 q_1 - \sum p_0 q_1$ 的意义是（　　　　）。

A. 综合反映价格变动和销售量变动的绝对额

B. 综合反映销售额变动的绝对额

C. 综合反映多种商品价格变动而增减的销售额

D. 综合反映由于价格变动而使消费者增减的货币支出额

E. 综合反映多种商品销售量变动的绝对额

三、判断题（正确的打"√"，错误的打"×"，并填写在题后的括号中）

1. 广义的指数是反映由许多不能直接相加的要素所构成的复杂现象在不同期间的数量综合变动程度的相对数。　　　　　　　　　　　　　　　　　　　　　　　　　　　　（　　）

2. 单位成本指数、劳动生产率指数、农作物亩产量指数均为质量指标指数。　　（　　）

3. 综合指数分为数量指标指数和质量指标指数。　　　　　　　　　　　　　（　　）

4. 某企业产品产量计划数值与实际数值的对比为动态指数。　　　　　　　　（　　）

5. 编制综合指数，要求其同度量因素必须是固定在同一时期。　　　　　　　（　　）

6. 如果各种商品的销售量平均上涨了 6%，销售价格平均下降了 6%，则销售额不变。

（　　）

7. 某企业职工工资总额报告期比基期减少了 5%，平均工资上升了 8%，则职工人数减少了 3%。　　　　　　　　　　　　　　　　　　　　　　　　　　　　　　　　　　（　　）

8. 用 q 表示销售量，p 表示价格，则 $\sum p_0 q_1 - \sum p_0 q_0$ 表示由于商品销售量的变动对商品总销售额的影响。　　　　　　　　　　　　　　　　　　　　　　　　　　　　　　（　　）

9. 以不变价格计算的工业产品产量指数，可以反映产品数量的综合变动，而不能反映产品价值水平的总变动。　　　　　　　　　　　　　　　　　　　　　　　　　　　　（　　）

10. 总指数的计算形式包括综合指数、平均数指数和平均指标指数。　　　　（　　）

11. 算术平均数指数是用综合指数的分母资料作权数，调和平均数指数是用综合指数的分子资料作权数。　　　　　　　　　　　　　　　　　　　　　　　　　　　　　　（　　）

12. 综合指数的编制通常需要掌握全面的资料，而平均数指数可依据非全面资料来编制，因此综合指数的实际应用更广。　　　　　　　　　　　　　　　　　　　　　　　　（　　）

13. 平均数指数与综合指数在本质上是不同的。　　　　　　　　　　　　　（　　）

14. 利用指数体系可以进行指数的因素分析。　　　　　　　　　　　　　　（　　）

15. 平均指标指数可以分解为结构影响指数和固定构成指数。　　　　　　　（　　）

16. 平均指标指数就是平均数指数。　　　　　　　　　　　　　　　　　　（　　）

17. 指数数列中各个指数的权数是质量指标，则该权数为不变权数。　　　　（　　）

18. 在采用不变权数时，各个时期环比指数的连乘积等于相应的定基指数。　（　　）

19. 居民消费物价指数不能反映通货膨胀的状况。　　　　　　　　　　　　（　　）

20.商品零售物价指数的计算形式是平均数指数。 （ ）

四、简答题

1.数量综合指数和质量综合指数的特点是什么？

2.平均指数与综合指数有何关系？

3.简述综合指数的主要特点和编制的一般原则。

4.评价拉氏指数、帕氏指数,马歇尔-埃奇沃斯指数和费雪理想指数。

5.同度量因素有何意义、有何作用？

6. 综合指数与平均指数有何区别与联系。

7. 什么是指数体系与因素分析，它们的作用是什么？

8. 指出平均指标与总量指标综合的指数体系如何进行因素分析？

9. 分析平均数指数与平均指标指数的区别与联系。

五、计算题

1. 某企业的产量及单位成本资料见表1。试计算产量总指数及由于产量变动而引起的总成本的变动额;计算单位成本总指数及由于单位成本变动而引起的总成本的变动额。

表1 某企业的产量和单位成本表

产品	计量单位	产量		单位成本/元	
		基期	报告期	基期	报告期
甲	台	18	20	15	14
乙	套	2	3	102	98

2. 某百货商店女士服装销售资料见表2。计算销售价格指数及由于价格降低所引起的销售额变动;计算销售量指数及由于销售量变动所引起的销售额变动。

表2 某百货商店女士服装销售额和价格变动率

商品名称	销售额/千元		价格降低率/%
	基期	报告期	
针织品	10.2	19.0	5
外衣	81.4	86.3	2
运动休闲装	50.2	52.4	3

3. 某企业甲、乙两种产品对某种原材料的消耗资料见表 3。试计算并分析该种原材料总消耗量的变动受产品产量及单耗变动的相对影响程度及影响的绝对量。

表 3 某企业两种产品的原材料单耗和总耗

商品	计量单位	单耗/kg		总耗/kg	
		基期	报告期	基期	报告期
甲	台	20	19	24 000	26 220
乙	套	9	8	4 500	4 800

4. 某工厂生产甲、乙两种产品的产量及原材料消耗量和原材料价格见表 4。试从相对程度和绝对量两方面分析原材料费用总额中产量变动、单位产品原材料消耗变动和原材料价格变动的影响。

表 4 某工厂两种产品的产量和原材料消耗量及其价格

产品	产量/台		材料名称	原材料单耗/(t·台⁻¹)		原材料价格/(元·t⁻¹)	
	基期	报告期		基期	报告期	基期	报告期
甲	1 000	1 300	A	2	1.6	100	100
			B	2	1.8	200	190
			C	3	2.8	180	175
乙	600	900	A	1.2	1	100	100
			B	2.3	2	200	190
			C	3.2	2.9	180	175

5.甲、乙两企业的经济效益指标见表5,试对甲、乙两企业的经济效益进行综合评价。

表5 甲、乙两企业的经济效益指标

指标名称	计量单位	报告期实际值		标准值	权数
		甲企业	乙企业		
资金利税率	%	14.9	10.64	13.55	13
成本利润率	%	7.63	9.00	8.45	25
全员劳动生产率	元/人	16 412	15 768	16 500	18
产品销售率	%	96.01	93.52	96	20
净产值率	%	28.9	29.5	30	24

第**9**章

参数估计

9.1 重点与难点

本章介绍了点估计和参数估计这两种参数估计的方法。通过本章的学习,重点掌握点估计的含义、点估计中的矩估计法、区间估计的含义;理解掌握一个参数的区间估计;了解两个参数的区间估计。

9.2 要点

1.参数估计就是用样本统计量来估计总体未知参数的方法。

2.点估计也称定值估计,它是用抽样得到的样本指标数值直接作为总体参数估计值的一种推断方法。

3.同一个总体参数可用多个样本统计量来估计,衡量估计量的优良性有无偏性、有效性、一致性三种标准。

4.点估计有矩估计法、顺序统计量法、最大似然法、最小二乘法等。

5.区间估计是利用样本资料计算的统计量来估计总体参数所在的范围,并给出一定的概率保证。总体参数所在的范围称为置信区间,概率保证称为置信度。置信度 $1-\alpha$ 越大,估计的可靠程度越高,总体参数真值落入置信区间的可能性越大。但当样本容量一定时,置信度的增加必然带来置信区间的增大,从而降低估计的精确度。

6.一个总体参数的区间估计有总体均值、总体比例和总体方差。估计的条件不同,如总体分布是否已知、总体方差是否已知或相等、大样本还是小样本决定了总体参数区间估计表达式的不同

(1)正态总体且总体方差 σ^2 已知,求 μ 的置信区间。

总体均值 μ 的 $1-\alpha$ 的置信区间为:

$$\mu \in \left[\bar{x} - \left| Z_{\frac{\alpha}{2}} \right| \frac{\sigma}{\sqrt{n}}, \bar{x} + \left| Z_{\frac{\alpha}{2}} \right| \frac{\sigma}{\sqrt{n}} \right], \bar{x}$$ 为样本均值，$\dfrac{\sigma}{\sqrt{n}}$ 是抽样平均误差 $u_{\bar{x}}$，$Z_{\frac{\alpha}{2}}$ 是概率度，

$\left| Z_{\frac{\alpha}{2}} \right| \cdot \dfrac{\sigma}{\sqrt{n}}$ 是抽样允许误差。

（2）正态总体且总体方差 σ^2 未知，求 μ 的置信区间。

总体均值 μ 的 $1-\alpha$ 置信区间为

$$\mu \in \left[\bar{x} - t_{\frac{\alpha}{2}}(n-1) \cdot \frac{\tilde{S}}{\sqrt{n}}, \bar{x} + t_{\frac{\alpha}{2}}(n-1) \cdot \frac{\tilde{S}}{\sqrt{n}} \right]$$

（3）非正态总体，求 μ 的置信区间。

当样本容量足够大（$n \geqslant 30$）时，样本均值 $\bar{x}$ 的抽样分布逼近于正态分布。

总体均值 μ 的置信度为 $1-\alpha$ 的置信区间为

$$\mu \in \left[\bar{x} - \left| Z_{\frac{\alpha}{2}} \right| \cdot \frac{\tilde{S}}{\sqrt{n}}, \bar{x} + \left| Z_{\frac{\alpha}{2}} \right| \cdot \frac{\tilde{S}}{\sqrt{n}} \right]$$

7. 总体成数的置信区间

当 n 足够大（$np > 5, n(1-p) > 5$）时，样本成数 p 近似服从正态分布，总体比率 π 在 $(1-\alpha)$ 置信水平下的置信区间为：

$$\pi \in \left[p - \left| Z_{\frac{\alpha}{2}} \right| \cdot \sqrt{\frac{p(1-p)}{n}}, p + \left| Z_{\frac{\alpha}{2}} \right| \cdot \sqrt{\frac{p(1-p)}{n}} \right]$$

8. 正态总体方差的置信区间

总体方差 σ^2 的置信度为 $1-\alpha$ 的置信区间为

$$\sigma^2 \in \left[\frac{(n-1)S^2}{\chi^2_{\frac{\alpha}{2}}(n-1)} \cdot \frac{(n-1)S^2}{\chi^2_{1-\frac{\alpha}{2}}(n-1)} \right]$$

9. 两个总体参数的比较，即比较两个总体的均值、两个总体的比例和两个总体的方差是否存在显著差异，一般可以通过两个总体均值之差、两个总体比例之差、两个总体方差之比的区间估计来进行比较。

10. 两个总体均值之差的置信区间

（1）两个正态总体且总体方差已知

$\mu_1 - \mu_2$ 的置信度为 $1-\alpha$ 的置信区间为

$$\mu_1 - \mu_2 \in \left[(\bar{x}_1 - \bar{x}_2) - \left| Z_{\frac{\alpha}{2}} \right| \cdot \sqrt{\frac{\sigma_1^2}{n_1} + \frac{\sigma_2^2}{n_2}}, (\bar{x}_1 - \bar{x}_2) + \left| Z_{\frac{\alpha}{2}} \right| \cdot \sqrt{\frac{\sigma_1^2}{n_1} + \frac{\sigma_2^2}{n_2}} \right]$$

（2）两个正态总体且方差未知但相等

$\mu_2 - \mu_2$ 的置信度为 $1-\alpha$ 的置信区间为

$$(\mu_1 - \mu_2) \in \left[(\bar{x}_1 - \bar{x}_2) - t_{\frac{\alpha}{2}}(n_1 + n_2 - 2) \cdot S_w \sqrt{\frac{1}{n_1} + \frac{1}{n_2}}, (\bar{x}_1 - \bar{x}_2) + t_{\frac{\alpha}{2}}(n_1 + n_2 - 2) \cdot S_w \sqrt{\frac{1}{n_1} + \frac{1}{n_2}} \right]$$

（3）两个非正态总体，求两个总体均值之差的置信区间

设两总体 X_1 和 X_2 是非正态分布，且方差未知，当 n_1 和 n_2 足够大时，$\mu_1 - \mu_2$ 的置信度为 $1-\alpha$ 的置信区间为

$$\mu_1 - \mu_2 \in \left[(\bar{x}_1 - \bar{x}_2) - \left| Z_{\frac{\alpha}{2}} \right| \cdot \sqrt{\frac{\tilde{S}_1^2}{n_1} + \frac{\tilde{S}_2^2}{n_2}}, (\bar{x}_1 - \bar{x}_2) + \left| Z_{\frac{\alpha}{2}} \right| \cdot \sqrt{\frac{\tilde{S}_1^2}{n_1} + \frac{\tilde{S}_2^2}{n_2}} \right]$$

11. 两个总体成数之差的置信区间

样本容量足够大（$n_1 \geqslant 30, n_2 \geqslant 30$）时，

$\pi_1 - \pi_2$ 的置信度为 $1 - \alpha$ 的置信区间为

$$(p_1 - p_2) \pm \left| Z_{\frac{\alpha}{2}} \right| \cdot \sqrt{\frac{p_1(1-p_1)}{n_1} + \frac{p_2(1-p_2)}{n_2}}$$

12. 两个正态总体方差之比的置信区间

$\dfrac{\sigma_1^2}{\sigma_2^2}$ 置信度为 $1 - \alpha$ 的置信区间为

$$\frac{1}{F_{\frac{\alpha}{2}}(n_1-1, n_2-1)} \cdot \frac{S_1^2}{S_2^2} \leqslant \frac{\sigma_1^2}{\sigma_2^2} \leqslant \frac{1}{F_{1-\frac{\alpha}{2}}(n_1-1, n_2-1)} \cdot \frac{S_1^2}{S_2^2}$$

9.3 习题

一、单选题

1. 区间估计表明的是一个（   ）。

A. 绝对可靠的范围　　　　　　　　　　B. 可能的范围

C. 绝对不可靠的范围　　　　　　　　　D. 不可能的范围

2. 甲、乙是两个无偏估计量，如果甲估计量的方差小于乙估计量的方差，则称（   ）。

A. 甲是充分估计量　　B. 甲乙一样有效　　C. 乙比甲有效　　　D. 甲比乙有效

3. 设总体服从正态分布，方差未知，在样本容量和置信度保持不变的情形下，根据不同的样本值得到总体均值的置信区间长度将（   ）。

A. 增加　　　　　　　B. 不变　　　　　　C. 减少　　　　　　D. 以上都对

4. 设容量为 16 人的简单随机样本，平均完成工作时间为 13 min，总体服从正态分布且标准差为 3 min。若想对完成工作所需时间构造一个 90% 置信区间，则（   ）。

A. 应用标准正态概率表查出 z 值　　　　B. 应用 t 分布表查出 t 值

C. 应用二项分布表查出 p 值　　　　　　D. 应用泊松分布表查出 λ 值

5. $100(1-\alpha)\%$ 是（   ）。

A. 置信限　　　　　　B. 置信区间　　　　C. 置信度　　　　　D. 可靠因素

6. 参数估计的类型包括（   ）。

A. 点估计和无偏估计　　　　　　　　　B. 无偏估计和区间估计

C. 点估计和有效估计　　　　　　　　　D. 点估计和区间估计

7. 在其他条件不变的情况下，提高抽样估计的可靠程度，其精度将（   ）。

A. 增加　　　　　　　B. 不变　　　　　　C. 减少　　　　　　D. 以上都对

8. 抽样估计的主要目的是（   ）。

A. 用样本指标推断总体指标　　　　　　B. 对调查单位进行深入研究

C. 计算和控制抽样误差   D. 对总体作出确定性判断

9. 抽样调查必须遵循的基本原则是( )。

A. 准确性原则   B. 随机性原则   C. 可靠性原则   D. 灵活性原则

10. 反映抽样指标和总体指标之间抽样误差的可能范围的指标是( )。

A. 抽样平均误差   B. 抽样误差系数   C. 概率度   D. 抽样极限误差

11. 抽样误差是指( )。

A. 调查中产生的登记性误差   B. 调查中产生的系统性误差

C. 随机抽样所产生的代表性误差   D. 违反随机原则而产生误差

12. 假定有一个1亿人口的大国和一个100万人口的小国的居民年龄变异程度相同,现各自用重复抽样方法抽取本国1%的人口计算平均年龄,则平均年龄抽样平均误差( )。

A. 不能确定   B. 两者相同   C. 前者比后者大   D. 前者比后者小

13. 在其他条件不变的情况下,提高抽样估计的可靠程度,其精确程度将( )。

A. 保持不变   B. 随之扩大   C. 随之缩小   D. 无法确定

14. 连续生产的电子管厂,产品质量检验是这样进行的,每天每隔 10 min 抽取一件产品进行检验,这是( )。

A. 简单随机抽样   B. 类型抽样   C. 等距抽样   D. 整群抽样

15. 在总体变异程度、概率保证程度等因素不变的条件下,若想使抽样误差减少为原来的一半,则样本容量应( )。

A. 扩大为原来的 4 倍   B. 扩大为原来的 2 倍

C. 减少为原来的 1/2   D. 较少为原来的 1/4

16. 在一定的抽样平均误差条件下( )。

A. 扩大极限误差范围,可以提高推断的可靠程度

B. 扩大极限误差范围,会降低推断的可靠程度

C. 缩小极限误差范围,可以提高推断的可靠程度

D. 缩小极限误差范围,不会改变推断的可靠程度

17. 一致性是指当样本的单位数充分大时,抽样指标( )。

A. 小于总体指标   B. 等于总体指标

C. 大于总体指标   D. 充分靠近总体指标

18. 在同样情况下,不重复抽样的抽样平均误差与重复抽样的抽样平均误差相比,结果是( )。

A. 两者相等   B. 两者不等   C. 前者小于后者   D. 前者大于后者

19. 某地订奶居民户均牛奶消费量为 120 kg,抽样平均误差为 2 kg。据此可算得户均牛奶消费量在 114 ~ 126 kg 的概率为( )。

A. 0.954 5   B. 0.997 3   C. 0.683   D. 0.900

20. 总体参数所在的范围称为( )。

A. 置信区间   B. 置信度   C. 统计量   D. 估计量

二、多选题

1. 抽样误差是( )。

A. 抽样估计值与总体参数之差   B. 抽样估计值与总体未知的特征值之差

C. 登记性误差　　　　　　　　　　D. 系统性误差

E. 偶然性误差

2. 从一个总体中可以抽取许多个样本,因此(　　　)。

A. 抽样指标的数值不是唯一的　　　　B. 抽样指标是用来估计总体参数的

C. 总体指标是随机变量　　　　　　　D. 样本指标是随机变量

3. 在抽样推断中,样本单位数的多少取决于(　　　)。

A. 总体标准差　　　　　　　　　　　B. 允许的误差范围

C. 抽样估计的把握程度　　　　　　　D. 总体参数的大小

E. 抽样方法和抽样的组织形式

4. 简单随机抽样(　　　)。

A. 适用于总体各单位成均匀分布的总体

B. 适用于总体各单位标志变异较大的总体

C. 在抽样之前要求对总体各单位加以编号

D. 最符合随机原则

E. 在抽样中最基本也是最简单的抽样组织形式

5. 影响抽样误差的因素有(　　　)。

A. 抽样方法　　　　　　　　　　　　B. 样本中各单位标志的差异程度

C. 总体各单位标志的差异程度　　　　D. 抽样调查的组织形式

E. 样本容量

三、判断题(正确的打"√",错误的打"×",并填写在题后的括号中)

1. 抽样误差是由于随机抽样的偶然因素使样本各单位的结构不足以代表总体各单位的结构,而引起的抽样指标和总体指标的相对离差。　　　　　　　　　　　　　　　(　　　)

2. 在抽样推断中,用来推断总体数量特征的样本和样本指标是唯一的、确定的。　(　　　)

3. 抽样极限误差总是大于抽样平均误差。　　　　　　　　　　　　　　　　(　　　)

4. 样本容量是指一个总体可以抽取的样本的数量。　　　　　　　　　　　　(　　　)

5. 抽样估计的概率度就是表明抽样指标和总体指标的误差不超过一定范围的概率保证度。　　　　　　　　　　　　　　　　　　　　　　　　　　　　　　　　　(　　　)

6. 抽样平均数的标准差或抽样成数的标准差是衡量抽样误差一般水平的尺度。　(　　　)

7. 一个总体所有可能的样本平均数等于总体平均数。　　　　　　　　　　　(　　　)

8. 参数估计就是用样本统计量来估计总体未知参数的方法。　　　　　　　　(　　　)

9. 点估计也称定值估计,它是用抽样得到的样本指标数值直接作为总体参数估计值的一种推断方法。　　　　　　　　　　　　　　　　　　　　　　　　　　　　　(　　　)

10. 同一个总体参数可用多个样本统计量来估计。　　　　　　　　　　　　(　　　)

四、简答题

1. 简述点估计和区间估计的特点以及二者之间的联系。

2. 区间估计必须具备哪三个要素。

3. 简述置信度与置信区间及置信度与精确度之间的关系。

4. 简述点估计的三个优良性标准。

5. 比较一个总体平均数的区间估计与两个总体平均数之差的区间估计。

6. 比较一个总体平均数的区间估计与一个总体层数的区间估计。

7. 比较一个正态总体方差的区间估计与两个正态总体方差之比的区间估计。

8. 比较一个总体成数的区间估计与两个总体成数之差的区间估计。

五、计算题

1. 已知一批灯泡的寿命服从正态分布 $N(\mu, \sigma^2)$，现从中随机抽取 4 只，测得其使用寿命分别为 1 502、1 453、1 367、1 650。试用据估计法估计这批灯泡使用寿命的均值 μ 和方差 σ^2。

2. 对某厂日产 10 000 个灯泡的使用寿命进行抽样调查,抽取 100 个灯泡,测得其平均寿命为 1 800 h,标准差为 6 h。

(1)按 68.27% 的概率计算抽样平均数的极限误差。

(2)按以上条件,若极限误差不超过 0.4 h,应抽取多少只灯泡进行测试。

(3)按以上条件,若概率提高到 95.45%,应抽取多少只灯泡进行测试。

(4)若极限误差为 0.6 h,概率保证度为 95.45%,应抽取多少只灯泡进行测试。

(5)通过以上计算,说明允许误差、抽样单位数(样本容量)和概率保证度的关系。

3. 某高校在校大学生人数约 10 000 人,抽取 200 名学生组成一个简单随机样本,调查得到人均月生活费支出为 800 元,标准差为 300 元,月生活费支出在 1 000 元以上的学生占 20%。

(1)以 95% 的概率估计该校大学生平均月生活费支出的区间范围。

(2)以 95% 的概率估计月生活费支出在 1 000 元以上的学生的比例。

(3)在估计的可靠度不变的条件下,若以上估计要求的估计误差缩小一半,则各需要调查多少学生。

4.某地区从 10 000 亩(1 亩 ≈ 667 m²)水稻田中,以不重复抽样方法随机抽取 100 亩水稻田进行产量调查,实测计算平均亩产 600 kg,标准差为 72.6 kg。

(1)以 99.73% 的可靠程度估计的平均亩产量。

(2)若要求估计的极限误差不超过 14.4 亩,则其估计的概率可靠程度为多少?

(3)若要求估计的极限误差不超过 14.4 亩,估计的概率可靠度不变,则至少需要抽取多少亩水稻田?

5.某公司为了研究其职员上班从家到单位的距离,抽取了由 16 人组成的一个随机样本,他们到单位的距离(单位:km)分别为:10、3、14、8、6、9、12、11、7、5、10、15、9、16、13、2,试求该公司职员上班从家到单位的平均距离的 90% 的置信区间。

6.对某区 30 户家庭的月支出情况进行抽样调查,发现平均每户每月用于书报费支出为 45 元,抽样平均误差为 2 元,试问应以什么样的概率保证度才能保证每户书报费支出为 41.08 ~ 48.92 元?

7. 生产隐形眼镜的某公司生产的一种新的型号,预计其寿命比旧型号的寿命长。请 6 名顾客对该新型眼镜做测试,得出平均寿命为 4.6 年,标准差为 0.49 年。构造该新型眼镜的平均寿命 90% 的置信区间,该估计的误差为多少?

8. 顾客到银行办理业务时往往需要等待,某银行共有 3 个业务窗口,可采取两种排队方式:第一种排队方式,所有顾客进入一个排队等待队列;第二种排队方式,顾客可随机挑选 3 个窗口前的一个队列等待。该银行分别采用两种方式试验了一段时间,得到以下顾客等待时间的数据:

第一种排队方式:人数 10 人,平均等待 7.15 min,方差为 0.227 2;

第二种排队方式:人数 10 人,平均等待 7.15 min,方差为 0.985 0;

试估计两种排队方式顾客平均等待时间,你认为哪种排队方式更好。$(\alpha = 0.05)$

9. 某车间研究由两种不同的工艺组装某种产品所用时间是否相同。让一个组的 10 名工人用第一种工艺组装该种产品,平均所需时间为 26.1 min,样本标准差为 12 min。另一组 8 名工人用第二种工艺组装,平均所需时间为 17.6 min,样本标准差为 10.5 min。已知用两种工艺组装产品所用时间服从正态分布,且它们的总体方差相等,试问能否认为用第二种方法组装比第一种方法更好?$(\alpha = 0.05)$

第 **10** 章
假设检验

10.1 重点与难点

本章介绍了假设检验的基本思想、基本步骤等基础知识,以及一个总体参数的假设检验和两个总体参数的假设检验。重点掌握假设检验的基本思想、基本步骤;理解掌握一个总体参数的假设检验;了解两个总体参数的假设检验。

10.2 要点

1. 假设检验是先对未知的总体参数提出一个假设,然后利用样本信息去检验这个假设是否成立。如果成立,我们就不能拒绝这个假设;如果不成立,我们就拒绝这个假设。根据研究问题提出原假设和备择假设。原假设一般用 H_0 表示,备择假设用 H_1 表示。假设检验各种可能结果及概率见表1。

表1 假设检验各种可能结果及概率

	H_0 为真	H_0 为不真
接受 H_0	正确决策$(1-\alpha)$	第Ⅱ类错误(β)
拒绝 H_0	第Ⅰ类错误(α)	正确决策$(1-\beta)$

2. 假设检验的基本步骤:第一步,提出原假设和备选假设。第二步,构造统计量并计算。第三步,给定显著性水平 α,确定临界值。第四步,判定,计算的统计量值与临界值比较,如果计算值在接受域,就接受原假设,拒绝备选假设;如果计算值在拒绝域,拒绝原假设,接受备选假设。

3. 假设检验分为双侧检验和单侧检验,单侧检验又分为左侧检验和右侧检验

双侧检验:$H_0: \mu = \mu_0$,$H_1: \mu \neq \mu_0$

左侧检验: $H_0 : \mu \geqslant \mu_0 , H_1 : \mu < \mu_0$

右侧检验: $H_0 : \mu \leqslant \mu_0 , H_1 : \mu > \mu_0$

总体均值的检验如下:

(1) 总体方差已知, 检验统计量为 Z

双侧检验: $|Z| = \dfrac{|\bar{x} - \mu_0|}{\dfrac{\sigma}{\sqrt{n}}} > \left|Z_{\frac{\alpha}{2}}\right|$ 时, 拒绝 H_0 , $|Z| = \dfrac{|\bar{x} - \mu_0|}{\dfrac{\sigma}{\sqrt{n}}} \leqslant \left|Z_{\frac{\alpha}{2}}\right|$ 时, 接受 H_0

左侧检验: $Z = \dfrac{\bar{x} - \mu_0}{\dfrac{\sigma}{\sqrt{n}}} < -|Z_\alpha|$ 时, 拒绝 H_0 , $Z = \dfrac{\bar{x} - \mu_0}{\dfrac{\sigma}{\sqrt{n}}} \geqslant -|Z_\alpha|$ 时, 接受 H_0

右侧检验: $Z = \dfrac{\bar{x} - \mu_0}{\dfrac{\sigma}{\sqrt{n}}} > |Z_\alpha|$ 时, 拒绝 H_0 , $Z = \dfrac{\bar{x} - \mu_0}{\dfrac{\sigma}{\sqrt{n}}} \leqslant |Z_\alpha|$ 时, 接受 H_0

(2) 总体方差未知, 检验统计量为 t

双侧检验: $|t| = \dfrac{|\bar{x} - \mu_0|}{\dfrac{\tilde{s}}{\sqrt{n}}} > t_{\frac{\alpha}{2}}(n-1)$ 时, 拒绝 H_0 ; $|t| = \dfrac{|\bar{x} - \mu_0|}{\dfrac{\tilde{s}}{\sqrt{n}}} \leqslant t_{\frac{\alpha}{2}}(n-1)$ 时, 接受 H_0

左侧检验: $t = \dfrac{\bar{x} - \mu_0}{\dfrac{\tilde{s}}{\sqrt{n}}} < -t_\alpha(n-1)$ 时, 拒绝 H_0 ; $t = \dfrac{\bar{x} - \mu_0}{\dfrac{\tilde{s}}{\sqrt{n}}} \geqslant -t_\alpha(n-1)$ 时, 接受 H_0

右侧检验: $t = \dfrac{\bar{x} - \mu_0}{\dfrac{\tilde{s}}{\sqrt{n}}} > t_\alpha(n-1)$ 时, 拒绝 H_0 ; $t = \dfrac{\bar{x} - \mu_0}{\dfrac{\tilde{s}}{\sqrt{n}}} \leqslant t_\alpha(n-1)$ 时, 接受 H_0

(3) 总体成数的检验与总体均值的检验方法基本相同, 在大样本情况下检验统计量为 Z 。

10.3　习题

一、单选题

1. 某厂生产的化纤纤度服从正态分布, 纤维的纤度的标准均值为 1.40。某天测得 25 根纤维的纤度的均值 $x = 1.39$, 检验与原来设计的标准均值相比是否有所变化, 要求的显著性水平为 $\alpha = 0.05$, 则下列正确的假设形式是(　　)。

A. $H_0 : \mu = 1.40 , H_1 : \mu \neq 1.40$　　　　　B. $H_0 : \mu \leqslant 1.40 , H_1 : \mu > 1.40$

C. $H_0 : \mu < 1.40 , H_1 : \mu \geqslant 1.40$　　　　　D. $H_0 : \mu \geqslant 1.40 , H_1 : \mu < 1.40$

2. 某一贫困地区估计营养不良人数高达 20% , 然而有人认为这个比例实际上还要高, 要检验该说法是否正确, 则假设形式为(　　)。

A. $H_0 : \pi \leqslant 0.2 , H_1 : \pi > 0.2$　　　　　B. $H_0 : \pi = 0.2 , H_1 : \pi \neq 0.2$

C. $H_0 : \pi \geqslant 0.3 , H_1 : \pi < 0.3$　　　　　D. $H_0 : \pi \geqslant 0.3 , H_1 : \pi < 0.3$

3. 一项新的减肥计划声称: 在计划实施的第一周内, 参加者的体重平均至少可以减轻 8 磅

（1 磅≈0.454 kg）。随机抽取 40 位参加该项计划的样本,结果显示:样本的体重平均减少 7
磅,标准差为 3.2 磅,则其原假设和备择假设是(　　　)。

A. $H_0:\mu \leqslant 8, H_1:\mu > 8$ 　　　　　B. $H_0:\mu \geqslant 8, H_1:\mu < 8$

C. $H_0:\mu \leqslant 7, H_1:\mu > 7$ 　　　　　D. $H_0:\mu \geqslant 7, H_1:\mu < 7$

4. 在假设检验中,不拒绝原假设意味着(　　　)。

A. 原假设肯定是正确的　　　　　　　　B. 原假设肯定是错误的

C. 没有证据证明原假设是正确的　　　　D. 没有证据证明原假设是错误的

5. 在假设检验中,原假设和备择假设(　　　)。

A. 都有可能成立　　　　　　　　　　　B. 都有可能不成立

C. 只有一个成立而且必有一个成立　　　D. 原假设一定成立,备择假设不一定成立

6. 在假设检验中,第一类错误是指(　　　)。

A. 当原假设正确时拒绝原假设　　　　　B. 当原假设错误时拒绝原假设

C. 当备择假设正确时拒绝备择假设　　　D. 当备择假设不正确时未拒绝备择假设

7. 在假设检验中,第二类错误是指(　　　)。

A. 当原假设正确时拒绝原假设　　　　　B. 当原假设错误时未拒绝原假设

C. 当备择假设正确时未拒绝备择假设　　D. 当备择假设不正确时拒绝备择假设

8. 指出下列假设检验哪一个属于右侧检验(　　　)。

A. $H_0:\mu = \mu_0, H_1:\mu \neq \mu_0$ 　　　　B. $H_0:\mu \geqslant \mu_0, H_1:\mu < \mu_0$

C. $H_0:\mu \leqslant \mu_0, H_1:\mu > \mu_0$ 　　　　D. $H_0:\mu > \mu_0, H_1:\mu \leqslant \mu_0$

9. 指出下列假设检验哪一个属于左侧检验?(　　　)

A. $H_0:\mu = \mu_0, H_1:\mu \neq \mu_0$ 　　　　B. $H_0:\mu \geqslant \mu_0, H_1:\mu < \mu_0$

C. $H_0:\mu \leqslant \mu_0, H_1:\mu > \mu_0$ 　　　　D. $H_0:\mu > \mu_0, H_1:\mu \leqslant \mu_0$

10. 指出下列假设检验哪一个属于双侧检验?(　　　)

A. $H_0:\mu = \mu_0, H_1:\mu \neq \mu_0$ 　　　　B. $H_0:\mu \geqslant \mu_0, H_1:\mu < \mu_0$

C. $H_0:\mu \leqslant \mu_0, H_1:\mu > \mu_0$ 　　　　D. $H_0:\mu > \mu_0, H_1:\mu \leqslant \mu_0$

11. 指出下列假设检验形式的写法哪一个是错误的?(　　　)

A. $H_0:\mu = \mu_0, H_1:\mu \neq \mu_0$ 　　　　B. $H_0:\mu \geqslant \mu_0, H_1:\mu < \mu_0$

C. $H_0:\mu \leqslant \mu_0, H_1:\mu > \mu_0$ 　　　　D. $H_0:\mu > \mu_0, H_1:\mu \leqslant \mu_0$

12. 如果原假设 H_0 为真,所得到的样本结果会像实际观测结果那么极端或更极端的概率
称为(　　　)。

A. 临界值　　　　　　　　　　　　　　B. 统计量

C. P 值　　　　　　　　　　　　　　　D. 事先给定的显著性水平

13. P 值越小,(　　　)越。

A. 拒绝原假设的可能性越小　　　　　　B. 拒绝原假设的可能性越大

C. 拒绝备择假设的可能性越大　　　　　D. 不拒绝备择假设的可能性越小

14. 对于给定的显著性水平 α,根据 P 值拒绝原假设的准则是(　　　)。

A. $P = \alpha$ 　　　　B. $P < \alpha$ 　　　　C. $P > \alpha$ 　　　　D. $P = \alpha = 0$

15. 在假设检验中,如果所计算出的 P 值越小,说明检验的结果(　　　)。

A. 越显著　　　　B. 越不显著　　　　C. 越真实　　　　D. 越不真实

16. 在大样本情况下,总体方差未知时,检验总体均值所使用的统计量是(　　)。

A. $z = \dfrac{\bar{x} - \mu_0}{\dfrac{\sigma}{\sqrt{n}}}$　　　　B. $z = \dfrac{\bar{x} - \mu_0}{\dfrac{\sigma^2}{\sqrt{n}}}$　　　　C. $t = \dfrac{\bar{x} - \mu_0}{\dfrac{s}{\sqrt{n}}}$　　　　D. $z = \dfrac{\bar{x} - \mu_0}{\dfrac{s}{\sqrt{n}}}$

17. 在小样本情况下,当总体方差未知时,检验总体均值所使用的统计量是(　　)。

A. $z = \dfrac{\bar{x} - \mu_0}{\dfrac{\sigma}{\sqrt{n}}}$　　　　B. $z = \dfrac{\bar{x} - \mu_0}{\dfrac{\sigma^2}{\sqrt{n}}}$　　　　C. $t = \dfrac{\bar{x} - \mu_0}{\dfrac{s}{\sqrt{n}}}$　　　　D. $z = \dfrac{\bar{x} - \mu_0}{\dfrac{s}{\sqrt{n}}}$

18. 在小样本情况下,当总体方差已知时,检验总体均值所使用的统计量是(　　)。

A. $z = \dfrac{\bar{x} - \mu_0}{\dfrac{\sigma}{\sqrt{n}}}$　　　　B. $z = \dfrac{\bar{x} - \mu_0}{\dfrac{\sigma^2}{\sqrt{n}}}$　　　　C. $t = \dfrac{\bar{x} - \mu_0}{\dfrac{s}{\sqrt{n}}}$　　　　D. $z = \dfrac{\bar{x} - \mu_0}{\dfrac{\sigma}{\sqrt{n}}}$

19. 检验一个正态总体的方差时所使用的分布为(　　)。

A. 正态分布　　　　　B. t 分布　　　　　C. χ^2 分布　　　　　D. F 分布

20. 一种零件的标准长度是 5 cm,要检验某天生产的零件是否符合标准要求,建立的原假设和备择假设应为(　　)。

A. $H_0 : \mu = 5, H_1 : \mu \neq 5$　　　　　　　　B. $H_0 : \mu \neq 5, H_1 : \mu = 5$

C. $H_0 : \mu \leq 5, H_1 : \mu > 5$　　　　　　　　D. $H_0 : \mu \geq 5, H_1 : \mu < 5$

21. 一项研究表明,中学生中吸烟的比例高达 30%,为检验这一说法是否属实,建立的原假设和备择假设应为(　　)。

A. $H_0 : \mu = 30\%, H_1 : \mu \neq 30\%$　　　　　　B. $H_0 : \pi = 30\%, H_1 : \pi \neq 30\%$

C. $H_0 : \pi \geq 30\%, H_1 : \pi < 30\%$　　　　　　D. $H_0 : \pi \leq 30\%, H_1 : \pi > 30\%$

22. 一项研究表明,司机驾车时因接打电话而发生事故的比例超过 20%,用来检验这一结论的原假设和备择假设应为(　　)。

A. $H_0 : \pi = 20\%, H_1 : \pi \neq 20\%$　　　　　　B. $H_0 : \pi \neq 20\%, H_1 : \pi = 20\%$

C. $H_0 : \pi \geq 20\%, H_1 : \pi < 20\%$　　　　　　D. $H_0 : \pi \leq 20\%, H_1 : \pi > 20\%$

23. 某企业每月发生事故的平均次数为 5 次,企业准备制订一项新的安全生产计划,希望新计划能减少事故次数。用来检验这一计划有效性的原假设和备择假设应为(　　)。

A. $H_0 : \mu = 5, H_1 : \mu \neq 5$　　　　　　　　B. $H_0 : \mu \neq 5, H_1 : \mu = 5$

C. $H_0 : \mu \leq 5, H_1 : \mu > 5$　　　　　　　　D. $H_0 : \mu \geq 5, H_1 : \mu < 5$

24. 环保部门想检验餐馆一天所用的快餐盒平均是否超过 600 个,建立的原假设和备择假设应为(　　)。

A. $H_0 : \mu = 600, H_1 : \mu \neq 600$　　　　　　B. $H_0 : \mu \neq 600, H_1 : \mu = 600$

C. $H_0 : \mu \leq 600, H_1 : \mu > 600$　　　　　　D. $H_0 : \mu \geq 600, H_1 : \mu < 600$

25. 随机抽取一个 $n = 100$ 的样本,计算得到 $\bar{x} = 60, s = 15$,要检验假设 $H_0 : \mu = 65, H_1 : \mu \neq 65$,检验的统计量为(　　)。

A. -3.33　　　　　B. 3.33　　　　　C. -2.36　　　　　D. 2.36

26. 随机抽取一个 $n = 50$ 的样本,计算得到 $\bar{x} = 60, s = 15$,要检验假设 $H_0 : \mu = 65, H_1 : \mu \neq 65$,检验的统计量为(　　)。

A. -3.33　　　　B. 3.33　　　　C. -2.36　　　　D. 2.36

27. 若检验的假设为 $H_0:\mu=\mu_0,H_1:\mu\neq\mu_0$,则拒绝域为(　　　)。

A. $z>z_\alpha$　　　　B. $z<-z_\alpha$　　　　C. $z>z_{\frac{\alpha}{2}}$ 或 $z<-z_{\frac{\alpha}{2}}$　　　　D. $z>z_\alpha$ 或 $z<-z_\alpha$

28. 若检验的假设为 $H_0:\mu\geqslant\mu_0,H_1:\mu<\mu_0$,则拒绝域为(　　　)。

A. $z>z_\alpha$　　　　B. $z<-z_\alpha$　　　　C. $z>z_{\frac{\alpha}{2}}$ 或 $z<-z_{\frac{\alpha}{2}}$　　　　D. $z>z_\alpha$ 或 $z<-z_\alpha$

29. 若检验的假设为 $H_0:\mu\leqslant\mu_0,H_1:\mu>\mu_0$,则拒绝域为(　　　)。

A. $z>z_\alpha$　　　　B. $z<-z_\alpha$　　　　C. $z>z_{\frac{\alpha}{2}}$ 或 $z<-z_{\frac{\alpha}{2}}$　　　　D. $z>z_\alpha$ 或 $z<-z_\alpha$

30. 设 z_c 为检验统计量的计算值,检验的假设为 $H_0:\mu\leqslant\mu_0,H_1:\mu>\mu_0$,当 $z_c=1.645$ 时,计算出的 P 值为(　　　)。

A. 0.025　　　　B. 0.05　　　　C. 0.01　　　　D. 0.0025

31. 设 z_c 为检验统计量的计算值,检验的假设为 $H_0:\mu\leqslant\mu_0,H_1:\mu>\mu_0$,当 $z_c=2.67$ 时,计算出的 P 值为(　　　)。

A. 0.025　　　　B. 0.05　　　　C. 0.0038　　　　D. 0.0025

32. 一家汽车生产企业在广告中宣称"该公司的汽车可以保证在 2 年或 24 000 km 内无事故",但该汽车的一个经销商认为保证"2 年"这一项是不必要的,因为汽车车主在 2 年内行驶的平均里程超过 24 000 km。假定这位经销商要检验假设 $H_0:\mu\leqslant24\,000,H_1:\mu>24\,000$,取显著性水平为 $\alpha=0.01$,并假设为大样本,则此项检验的拒绝域为(　　　)。

A. $z>2.33$　　　　B. $z<-2.33$　　　　C. $|z|>2.33$　　　　D. $z=2.33$

33. 一家汽车生产企业在广告中宣称"该公司的汽车可以保证在 2 年或 24 000 km 内无事故",但该汽车的一个经销商认为保证"2 年"这一项是不必要的,因为汽车车主在 2 年内行驶的平均里程超过 24 000 km。假定这位经销商要检验假设 $H_0:\mu\leqslant24\,000,H_1:\mu>24\,000$,抽取容量 $n=32$ 个车主的一个随机样本,计算出两年行驶里程的平均值 $\bar{x}=24\,517$ km,标准差为 $s=1\,866$ km,计算出的检验统计量为(　　　)。

A. $z=1.57$　　　　B. $z=-1.57$　　　　C. $z=2.33$　　　　D. $z=-2.33$

34. 由 49 个观测数据组成的随机样本得到的计算结果为 $\sum x=50.3,\sum x^2=68$,取显著性水平 $\alpha=0.01$,检验假设 $H_0:\mu\geqslant1.18,H_1:\mu<1.18$,得到的检验结论是(　　　)。

A. 拒绝原假设　　　　　　　　　　B. 不拒绝原假设

C. 可以拒绝也可以不拒绝原假设　　D. 可能拒绝也可能不拒绝原假设

35. 一项研究发现,2000 年新购买小汽车的人中有 40% 是女性,在 2005 年所作的一项调查中,随机抽取 120 个新车主中有 57 人为女性,在 $\alpha=0.05$ 的显著性水平下,检验 2005 年新车主中女性的比例是否有显著增加,建立的原假设和备择假设为 $H_0:\pi\leqslant40\%,H_1:\pi>40\%$,检验的结论是(　　　)。

A. 拒绝原假设　　　　　　　　　　B. 不拒绝原假设

C. 可以拒绝也可以不拒绝原假设　　D. 可能拒绝也可能不拒绝原假设

36. 从一个二项总体中随机抽出一个 $n=125$ 的样本,得到 $p=0.73$,在 $\alpha=0.01$ 的显著性水平下,检验假设 $H_0:\pi=0.73,H_1:\pi\neq0.73$,所得的结论是(　　　)。

A. 拒绝原假设　　　　　　　　　　B. 不拒绝原假设

C. 可以拒绝也可以不拒绝原假设　　D. 可能拒绝也可能不拒绝原假设

37. 从正态总体中随机抽取一个 $n = 25$ 的随机样本，计算得到 $\bar{x} = 17, s^2 = 8$，假定 $\sigma_0^2 = 10$，要检验假设 $H_0 : \sigma^2 = \sigma_0^2$，则检验统计量的值为（　　）。

　　A. $\chi^2 = 19.2$　　　　B. $\chi^2 = 18.7$　　　　C. $\chi^2 = 30.38$　　　　D. $\chi^2 = 39.6$

38. 从正态总体中随机抽取一个 $n = 10$ 的随机样本，计算得到 $\bar{x} = 231.7, s = 15.5$，假定 $\sigma_0^2 = 50$，在 $\alpha = 0.05$ 的显著性水平下，检验假设 $H_0 : \sigma^2 \geq 20, H_1 : \sigma^2 < 20$，得到的结论是（　　）。

　　A. 拒绝 H_0　　　　　　　　　　　B. 不拒绝 H_0

　　C. 可以拒绝也可以不拒绝 H_0　　　D. 可能拒绝也可能不拒绝 H_0

39. 一个制造商所生产的零件直径的方差本来是 0.001 56。后来为削减成本，就采用一种费用较低的生产方法。从新方法制造的零件中随机抽取 100 个作样本，测得零件直径的方差为 0.002 11。在 $\alpha = 0.05$ 的显著性水平下，检验假设：$H_0 : \sigma^2 \leq 0.001 56, : H_1 : \sigma^2 > 0.001 56$，得到的结论是（　　）。

　　A. 拒绝 H_0　　　　　　　　　　　B. 不拒绝 H_0

　　C. 可以拒绝也可以不拒绝 H_0　　　D. 可能拒绝也可能不拒绝 H_0

40. 容量为 3 L 的橙汁容器上的标签标明，该种橙汁的脂肪含量的均值不超过 1 g，在对标签上的说明进行检验时，建立的原假设和备择假设为 $H_0 : \mu \leq 1, H_1 : \mu > 1$，该检验所犯的第一类错误是（　　）。

　　A. 实际情况是 $\mu \geq 1$，检验认为 $\mu > 1$　　B. 实际情况是 $\mu \leq 1$，检验认为 $\mu < 1$

　　C. 实际情况是 $\mu \geq 1$，检验认为 $\mu < 1$　　D. 实际情况是 $\mu \leq 1$，检验认为 $\mu > 1$

41. 随机抽取一个 $n = 40$ 的样本，得到 $\bar{x} = 16.5, s = 7$。在 $\alpha = 0.02$ 的显著性水平下，检验假设 $H_0 : \mu \leq 15, H_1 : \mu > 15$，统计量的临界值为（　　）。

　　A. $z = -2.05$　　　B. $z = 2.05$　　　C. $z = 1.96$　　　D. $z = -1.96$

42. 一项调查表明，5 年前每个家庭每天看电视的平均时间为 6.7 h。而最近对 200 个家庭的调查结果是：每个家庭每天看电视的平均时间为 7.25 h，标准差为 2.5 h。在 $\alpha = 0.05$ 的显著性水平下，检验假设 $H_0 : \mu \leq 6.7, H_1 : \mu > 6.7$，得到的结论为（　　）。

　　A. 拒绝 H_0　　　　　　　　　　　B. 不拒绝 H_0

　　C. 可以拒绝也可以不拒绝 H_0　　　D. 可能拒绝也可能不拒绝 H_0

43. 检验假设 $H_0 : \mu \leq 50, H_1 : \mu > 50$，随机抽取一个 $n = 16$ 的样本，得到的统计量的值为 $t = 1.341$，在 $\alpha = 0.05$ 的显著性水平下，得到的结论是（　　）。

　　A. 拒绝 H_0　　　　　　　　　　　B. 不拒绝 H_0

　　C. 可以拒绝也可以不拒绝 H_0　　　D. 可能拒绝也可能不拒绝 H_0

44. 在某个城市，家庭每天的平均消费额为 90 元，从该城市中随机抽取 15 个家庭组成一个随机样本，得到样本均值为 84.50 元，标准差为 14.50 元。在 $\alpha = 0.05$ 的显著性水平下，检验假设 $H_0 : \mu = 90, H_1 : \mu \neq 90$，得到的结论是（　　）。

　　A. 拒绝 H_0　　　　　　　　　　　B. 不拒绝 H_0

　　C. 可以拒绝也可以不拒绝 H_0　　　D. 可能拒绝也可能不拒绝 H_0

45. 航空服务公司规定，销售一张机票的平均时间为 2 min。由 10 名顾客购买机票所用的时间组成的一个随机样本，结果为：1.9, 1.7, 2.8, 2.4, 2.6, 2.5, 2.8, 3.2, 1.6, 2.5。在 $\alpha = 0.05$ 的显著性水平下，检验平均售票时间是否超过 2 min，得到的结论是（　　）。

A. 拒绝 H_0 B. 不拒绝 H_0

C. 可以拒绝也可以不拒绝 H_0 D. 可能拒绝也可能不拒绝 H_0

46. 检验假设 $H_0 : \pi = 0.2, H_1 : \pi \neq 0.2$，由 $n = 200$ 组成的一个随机样本，得到样本比例为 $p = 0.175$。用于检验的 P 值为 0.2112，在 $\alpha = 0.05$ 的显著性水平下，得到的结论是（   ）。

A. 拒绝 H_0 B. 不拒绝 H_0

C. 可以拒绝也可以不拒绝 H_0 D. 可能拒绝也可能不拒绝 H_0

47. 如果能够证明某一电视剧在播出的头 13 周其观众收视率超过了 25%，则可以断定它获得了成功。假定由 400 个家庭组成的一个随机样本中，有 112 个家庭看过该电视剧，在 $\alpha = 0.01$ 的显著性水平下，检验结果的 P 值为（   ）。

A. 0.0538   B. 0.0638   C. 0.0738   D. 0.0838

48. 检验两个总体的方差比时所使用的分布为（   ）。

A. 正态分布   B. t 分布   C. χ^2 分布   D. F 分布

49. 从均值为 μ_1 和 μ_2 的两个总体中，随机抽取两个大样本（$n > 30$），在 $\alpha = 0.01$ 的显著性水平下，要检验假设 $H_0 : \mu_1 - \mu_2 = 0, H_1 : \mu_1 - \mu_2 \neq 0$，则拒绝域为（   ）。

A. $|z| > 2.58$ B. $z > 2.58$ C. $z < -2.58$ D. $|z| > 1.645$

50. 从均值为 μ_1 和 μ_2 的两个总体中，抽取两个独立的随机样本，有关结果见表 2。

表 2

样本 1	样本 2
$n_1 = 40$	$n_2 = 60$
$\overline{x_1} = 7$	$\overline{x_2} = 6$
$s_1 = 3$	$s_1 = 1$

在 $\alpha = 0.05$ 的显著性水平下，要检验假设 $H_0 : \mu_1 - \mu_2 = 0, H_1 : \mu_1 - \mu_2 \neq 0$，得到的结论是（   ）。

A. 拒绝 H_0 B. 不拒绝 H_0

C. 可以拒绝也可以不拒绝 H_0 D. 可能拒绝也可能不拒绝 H_0

51. 从均值为 μ_1 和 μ_2 的两个总体中，抽取两个独立的随机样本，有关结果见表 3。

表 3

样本 1	样本 2
$n_1 = 40$	$n_2 = 60$
$\overline{x_1} = 7$	$\overline{x_2} = 6$
$s_1 = 3$	$s_1 = 1$

在 $\alpha = 0.05$ 的显著性水平下，要检验假设 $H_0 : \mu_1 - \mu_2 = 0.5, H_1 : \mu_1 - \mu_2 \neq 0.5$，得到的结论是（   ）。

A. 拒绝 H_0 B. 不拒绝 H_0

C. 可以拒绝也可以不拒绝 H_0 D. 可能拒绝也可能不拒绝 H_0

52. 根据两个随机样本,计算得到 $s_1^2 = 1.75, s_2^2 = 1.23$,要检验假设 $H_0 : \dfrac{\sigma_1^2}{\sigma_1^2} \leqslant 1, H_1 : \dfrac{\sigma_1^2}{\sigma_1^2} > 1$,则检验统计量的 F 值为(　　)。

A. 1.42　　　　　　 B. 1.52　　　　　　 C. 1.62　　　　　　 D. 1.72

53. 一项研究表明,男人和女人对产品质量的评估角度有所不同。在对某一产品的质量评估中,被调查的 500 个女人中有 58% 对该产品的评分等级是"高",而被调查的 500 个男人中给同样评分的却只有 43% 。要检验对该产品的质量评估中,女人评高分的比例是否超过男人(π_1 为女人的比例,π_2 为男人的比例)。用来检验的原假设和备择假设为(　　)。

A. $H_0 : \pi_1 - \pi_2 \leqslant 0, H_1 : \pi_1 - \pi_2 > 0$　　　　 B. $H_0 : \pi_1 - \pi_2 \geqslant 0, H_1 : \pi_1 - \pi_2 < 0$

C. $H_0 : \pi_1 - \pi_2 = 0, H_1 : \pi_1 - \pi_2 \neq 0$　　　　 D. $H_0 : \pi_1 - \pi_2 \neq 0, H_1 : \pi_1 - \pi_2 = 0$

54. 一项研究表明,男人和女人对产品质量的评估角度有所不同。在对某一产品的质量评估中,被调查的 500 个女人中有 58% 对该产品的评分等级是"高",而被调查的 500 个男人中给同样评分的却只有 43% 。要检验对该产品的质量评估中,女人评高分的比例是否超过男人(π_1 为女人的比例,π_2 为男人的比例)。在 $\alpha = 0.01$ 的显著性水平下,检验假设 $H_0 : \pi_1 - \pi_2 \leqslant 0, H_1 : \pi_1 - \pi_2 > 0$,得到的结论是(　　)。

A. 拒绝 H_0　　　　　　　　　　　 B. 不拒绝 H_0

C. 可以拒绝也可以不拒绝 H_0　　　　 D. 可能拒绝也可能不拒绝 H_0

55. 抽自两个总体的独立随机样本提供的信息见表 4。

表 4

样本 1	样本 2
$n_1 = 80$	$n_2 = 70$
$\overline{x_1} = 104$	$\overline{x_2} = 106$
$s_1 = 8.4$	$s_1 = 7.6$

在 $\alpha = 0.05$ 的显著性水平下,要检验假设 $H_0 : \mu_1 - \mu_2 = 0, H_1 : \mu_1 - \mu_2 \neq 0$,得到的结论是(　　)。

A. 拒绝 H_0　　　　　　　　　　　 B. 不拒绝 H_0

C. 可以拒绝也可以不拒绝 H_0　　　　 D. 可能拒绝也可能不拒绝 H_0

56. 抽自两个超市的顾客独立随机样本,得到他们对超市服务质量的评分结果见表 5。

表 5

超市 1	超市 2
$n_1 = 50$	$n_2 = 50$
$\overline{x_1} = 6.34$	$\overline{x_2} = 6.72$
$s_1 = 2.163$	$s_1 = 2.374$

在 $\alpha = 0.05$ 的显著性水平下,要检验假设 $H_0 : \mu_1 - \mu_2 \geqslant 0, H_1 : \mu_1 - \mu_2 < 0$,得到的结论是(　　)。

A. 拒绝 H_0 B. 不拒绝 H_0

C. 可以拒绝也可以不拒绝 H_0 D. 可能拒绝也可能不拒绝 H_0

57. 在对两个广告效果的电视评比中,每个广告在一周的时间内播放 6 次,然后要求看过广告的人陈述广告的内容,记录的资料见表 6。

表 6

广告	看过广告的人数	回想起主要内容的人数
A	150	63
B	200	60

在 $\alpha = 0.05$ 的显著性水平下,检验对两个广告的回想比例没有差别,即检验假设 $H_0: \pi_1 - \pi_2 = 0$,$H_1: \pi_1 - \pi_2 \neq 0$,得到的结论是(   )。

A. 拒绝 H_0 B. 不拒绝 H_0

C. 可以拒绝也可以不拒绝 H_0 D. 可能拒绝也可能不拒绝 H_0

58. 在一项涉及 1 602 名儿童的流感疫苗试验中,接受疫苗的 1 070 人中只有 14 人患了流感,而接受安慰剂的 532 名儿童中有 98 人患了流感。在 $\alpha = 0.05$ 的显著性水平下,检验"疫苗减少了儿童患流感的可能性",即检验假设 $H_0: \pi_1 - \pi_2 \geq 0$,$H_1: \pi_1 - \pi_2 < 0$,得到的结论是(   )。

A. 拒绝 H_0 B. 不拒绝 H_0

C. 可以拒绝也可以不拒绝 H_0 D. 可能拒绝也可能不拒绝 H_0

59. 在一项犯罪研究中,收集到 2000 年的犯罪数据。在被判纵火罪的罪犯中,有 50 人是酗酒者,43 人不喝酒;在被判诈骗罪的罪犯中,有 63 人是酗酒者,144 人是戒酒者。在 $\alpha = 0.01$ 的显著性水平下,检验"纵火犯中酗酒者的比例高于诈骗犯中酗酒者的比例",建立的原假设和备择假设是(   )。

A. $H_0: \pi_1 - \pi_2 \geq 0$,$H_1: \pi_1 - \pi_2 < 0$ B. $H_0: \pi_1 - \pi_2 \leq 0$,$H_1: \pi_1 - \pi_2 > 0$

C. $H_0: \pi_1 - \pi_2 = 0$,$H_1: \pi_1 - \pi_2 \neq 0$ D. $H_0: \pi_1 - \pi_2 < 0$,$H_1: \pi_1 - \pi_2 \geq 0$

60. 来自总体 1 的一个容量为 16 的样本的方差 $s_1^2 = 5.8$,来自总体 2 的一个容量为 20 的样本的方差 $s_2^2 = 2.4$。在 $\alpha = 0.05$ 的显著性水平下,检验假设 $H_0: \sigma_1^2 \leq \sigma_2^2$,$H_1: \sigma_1^2 > \sigma_2^2$,得到的结论是(   )。

A. 拒绝 H_0 B. 不拒绝 H_0

C. 可以拒绝也可以不拒绝 H_0 D. 可能拒绝也可能不拒绝 H_0

61. 一个研究的假设是:湿路上汽车刹车距离的方差显著大于干路上汽车刹车距离的方差。在调查中,以同样速度行驶的 16 辆汽车分别在湿路上和干路上检测刹车距离。在湿路上刹车距离的标准差为 32 m,在干路上刹车距离的标准差是 16 m。用于检验的原假设和备择假设是(   )。

A. $H_0: \dfrac{\sigma_1^2}{\sigma_2^2} \leq 1$,$H_1: \dfrac{\sigma_1^2}{\sigma_2^2} > 1$ B. $H_0: \dfrac{\sigma_1^2}{\sigma_2^2} \geq 1$,$H_1: \dfrac{\sigma_1^2}{\sigma_2^2} < 1$

C. $H_0: \dfrac{\sigma_1^2}{\sigma_2^2} = 1$,$H_1: \dfrac{\sigma_1^2}{\sigma_2^2} \neq 1$ D. $H_0: \dfrac{\sigma_1^2}{\sigma_2^2} < 1$,$H_1: \dfrac{\sigma_1^2}{\sigma_2^2} \geq 1$

62. 一个研究的假设是：湿路上汽车刹车距离的方差显著大于干路上汽车刹车距离的方差。在调查中，以同样速度行驶的 16 辆汽车分别在湿路上和干路上检测刹车距离。在湿路上刹车距离的标准差为 32 m，在干路上刹车距离的标准差是 16 m。在 $\sigma = 0.05$ 的显著性水平下，检验假设 $H : \sigma_1^2 / \sigma_2^2 \leq 1, H_1 : \sigma_1^2 / \sigma_2^2 > 1$，得到的结论是（　　　）。

A. 拒绝 H_0 B. 不拒绝 H_0

C. 可以拒绝也可以不拒绝 H_0 D. 可能拒绝也可能不拒绝 H_0

二、简答题

1. 假设检验的基本思想是什么？

2. 假设检验与置信区间有何关系？

3. 什么是假设检验的两类错误，它们有何关系？

4. 试比较一个总体的假设检验与一个总体区间估计的相似性。

5. 试比较两个总体的假设检验与两个总体区间估计的相似性。

6. 试比较一个总体的假设检验与两个总体的假设检验的相似性。

7. 在假设检验中是否样本容量 n 越大越好,为什么?

三、计算题

1. 某厂采用自动包装机分装产品,假定每包产品的质量服从正态分布,每包的标准质量为 1 000 g,某日随机抽查 9 包,测得样本平均质量为 986 g,样本标准差为 24 g。试问在 $\alpha = 0.05$ 显著性水平下,能否认为这天自动包装机工作正常?

2. 电视机显像管批量生产的质量标准为平均寿命 1 200 h,标准差 300 h。某电视机厂宣称,他们生产的显像管,其质量大大超过规定的标准。为了进行验证,随机抽取了 100 件样品,测得平均寿命为 1 245 h。试问在 $\alpha = 0.05$ 显著性水平下,能否说明该厂的显像管质量高于规定的标准?

3. 某企业加工一批罐头,其月产量服从均值为 750,方差为 20 的正态分布,现引进新设备,改进加工工艺,再抽查半年月产量,求得平均产量是 765,假定方差不变,问在显著性水平 $\alpha = 0.05$ 下,设备工艺更新后的月产量是否有显著提高?

4. 味精厂某条生产线生产的味精平均每袋质量为 100 g,服从正态分布,今欲了解机器性能是否良好,随机抽取 10 袋为样本,测得平均质量为 99.8 g,标准差为 0.5 g,试以 0.05 的显著性水平检验生产线状态是否良好?

5. 某加油站希望了解司机的加油情况。在一周内,随机抽取了 100 名司机的加油记录,统计得到:平均加油量为 13.5 gal,标准差为 3.2 gal,其中有 19 人购买无铅汽油。试问:

(1)能否以 $\alpha = 0.05$ 的显著性水平检验平均加油量超过 12 gal?

(2)能否以 $\alpha = 0.05$ 的显著性水平检验购买无铅汽油的比例不超过 20%?

6. 根据过去的实验,某产品的质量指标服从正态分布,其方差为 7.5。现在从这批产品中随机抽取 25 件,测得样本方差为 10,试以显著性水平 $\alpha = 0.10$ 判断产品质量变异程度是否增大了。

7. 某乳制品厂生产的一种盒装鲜奶产品采用自动灌装设备,标准质量为 495 g,采用自动灌装调整装置,但在生产过程中不可避免会出现超重或质量不足的情况,要求对灌装精度实时控制,要求每盒质量误差上下不超过 6 g。随机抽取 9 盒产品,测得每盒质量数据如下(单位:g):496、499、481、499、492、491、495、494、502。试以 $\alpha = 0.05$ 显著性水平判断这批产品的质量是否符合要求。

8. 从某锌矿的东西两支矿脉中分别抽样,两个样本容量及含锌量均值和方差如下:

东矿:样本容量为 9,含锌量均值为 0.23%,方差为 0.135 7;

西矿:样本容量为 8,含锌量均值为 0.27%,方差为 0.173 6。

若两支矿脉的含锌量都服从正态分布,则两支矿脉的含锌量是否存在显著差异($\alpha = 0.05$)?

9. 对两个大型企业青年工人参加技术培训的情况进行调查,调查结果如下,甲厂:调查 60 人,18 人参加技术培训;乙厂:调查 40 人,14 人参加技术培训。能否根据以上调查结果认为乙厂青年参加技术培训的人数比例高于甲厂?($\alpha = 0.05$)

10. 一家专门的减肥俱乐部承诺,在一个为期 6 周的减肥训练中,至少可以使肥胖者平均减 8.5 kg。为了验证该承诺是否可信,调查人员从参加该训练的成员中随机抽取 10 人,得到他们在训练前后的体重数据见表 7(单位:kg)。

表 7   训练前后的体重数据表

编号	1	2	3	4	5	6	7	8	9	10
训练前	114.5	101.0	110.0	103.5	120.0	116.5	112.0	101.0	114.0	125.0
训练后	105.0	89.5	101.5	96.0	105.0	102.0	106.0	93.5	108.5	112.5

试在显著性水平 $\alpha = 0.05$ 下检验调查结果是否支持俱乐部的承诺。

11. 某防晒霜制造者,欲了解一种配方是否有助于防止晒黑,对 7 个志愿者进行了试验。在每人的脊柱一侧涂原配方的防晒霜,另一侧涂新配方的防晒霜。背部在太阳下暴晒后,按预先给定的标准测定晒黑的程度,结果见表 8(假定数字小表示防晒效果好)。

表 8   测定的晒黑程度数据表

编号	1	2	3	4	5	6	7
原配方	42	51	31	61	44	55	48
新配方	38	53	36	52	33	52	36

试问:能否以 $\alpha = 0.05$ 的显著性水平说明新配方比原配方有效。

12. 为了比较甲、乙两种安眠药的治疗效果,现独立观察 16 个病人,其中 8 人服用甲药,另外 8 人服用乙药,设延长小时数服从正态分布,数据见表 9。

表 9　甲乙药品延长睡眠小时数

服用甲药	0.1	0.1	3.5	4.3	1.8	2.7	5.4	0.8
服用乙药	1.7	2.2	0.0	0.6	1.5	3.3	1.5	1.2

试问这两种药的疗效有无显著性差异。(提示先检验两总体的方差是否相等,再选择两个正态总体均值的假设检验类型进行检验。)

13. 普度大学一批研究人员将环境处理中的人员实时调度法同采用电脑化机器人和感应装置的自动化方法进行比较,试验由 8 个模拟的调度问题组成。每一项任务均由一名调度员和一个自动化系统来完成,成绩用生产率来衡量,用产品质量加权计算得到的生产优质产品的批数作为生产率测量指标。所测得的生产率见表 10。试对人员调度法和自动化方法的生产率是否存在差异进行比较。($\alpha = 0.05$)

表 10　人员调度法和自动化方法生产率数据表

任务	人员调度法	自动化方法	任务	人员调度法	自动化方法
1	185.4	180.4	5	240.0	269.3
2	146.3	248.5	6	253.8	249.6
3	174.4	185.5	7	238.8	282.0
4	184.9	216.4	8	263.5	315.9

第 **11** 章
方差分析

11.1 重点与难点

本章介绍了方差分析的基本概念、原理，介绍了单因素方差分析、无交互作用的双因素方差分析及有交叉作用的双因素方差分析。重点掌握方差分析的基本概念；熟练掌握 Excel 或 SPSS 操作及解读方差分析的输出结果；理解掌握单因素方差分析、无交互作用的双因素方差分析及有交互作用的双因素方差分析的数学推理过程。

11.2 本章要点

1. 在实践中，试验指标往往受到一种或多种因素的影响。方差分析就是通过对试验数据进行分析，检验方差相同的多个（多于 2 个）正态总体的均值是否相等，用以判断各因素对试验指标的影响是否显著。

2. 单因素方差分析的基本思想是，通过将观测数据的总离差平方和进行分解，利用假设检验的理论和方法，检验因素的各个水平所对应的试验结果有无显著性差异，从而拒绝或接受因素各水平对应的正态总体的均值相等这一原假设。

3. 本章对双因素方差分析的基本思想与单因素方差分析类似，只是双因素方差分析更为复杂，特别是因素之间有交互作用时的双因素方差分析。

4. 方差分析事实上并非真正地对方差进行分析，而是用离差平方和分析度量数据的变异程度。

11.3 习题

一、单选题

1. 下列关于方差分析的说法不正确的是（　　）。

A.方差分析是一种检验若干个正态分布的均值和方差是否相等的一种统计方法

B.方差分析是一种检验若干个独立正态总体均值是否相等的一种统计方法

C.方差分析实际上是一种 F 检验

D.方差分析基于偏差平方和的分解和比较

2.在方差分析中,( )反映的是样本数据与其组平均值的差异。

A.总离差　　　　　B.组间误差　　　　　C.抽样误差　　　　　D.组内误差

3.SSE 是( )。

A.组内平方和　　　B.组间平方和　　　C.总离差平方和　　　D.因素 B 的离差平方和

4.SST 是( )。

A.组内平方和　　　B.组间平方和　　　C.总离差平方和　　　D.总方差

5.单因素方差分析中,计算 F 统计量,其分子与分母的自由度各为( )。

A.r,n　　　　B.$r-n,n-r$　　　　C.$r-1,n-r$　　　　D.$n-r,r-1$

6.方差分析的主要目的是判断( )。

A.各总体是否存在方差

B.各样本数据之间是否有显著差异

C.分类型自变量对数值型因变量的影响是否显著

D.分类型因变量对数值型自变量的影响是否显著

7.下列关于单因素方差分析的叙述,不正确的是( )。

A.方差分析可以对若干中均值是否相等同时进行检验

B.进行方差分析要求各水平下的样本容量相同

C.总平方和能分解为组内平方和与组间平方和之和

D.进行方差分析时各水平下的样本容量可以不相同

8.双因素方差分析有两种类型:一种是有交互作用的,一种是无交互作用的。区别的关键是看这对因子( )。

A.是否独立　　　　　　　　　　B.是否都服从正态分布

C.的水平是否相同　　　　　　　D.是否有相同的自由度

9.方差分析中的 F 统计量是决策的根据,一般来说( )。

A.F 值越大,越有利于拒绝原假设接受备择假设

B.F 值越大,越有利于接受原假设拒绝备择假设

C.F 值越小,越有利于拒绝原假设接受备择假设

D.F 值越小,越有利于接受原假设拒绝备择假设

10.在方差分析中,组内平方和是指( )。

A.各水平下理论平均数之间的离差平方和

B.各水平的内部观察值与其相应平均数的离差平方和

C.由各水平效应不同所引起的离差平方和

D.试验条件变化所引起的离差平方的总和

11.在下面的假定中,哪个不属于方差分析中的假定?( )

A.每个总体都服从正态分布　　　　B.各总体的方差相等

C.观测值是独立的　　　　　　　　D.各总体的方差等于 0

12. 在方差分析中,数据的误差是用平方和来表示的,其中组间平方和反映的是(　　　)。

A. 一个样本观测值之间误差的大小

B. 全部观测值误差的大小

C. 各个样本均值之间误差的大小

D. 各个样本方差之间误差的大小

13. 关于方差分析,下列说法正确的是(　　　)。

A. 方差分析的目的是分析各组总体方差是否相同

B. 方差分析的组间均方差仅仅衡量了随机误差的变异大小

C. 各组数据呈严重偏态时,也可以作方差分析

D. 方差分析的目的是分析各组总体的均值是否相同

14. 关于 F 单因素方差分析中的检验(　　　)。

A. 拒绝域在 F 分布曲线的右侧　　　　　B. F 统计量的样本观测值可能为负值

C. 拒绝域在 F 分布曲线的左侧和右侧　　D. 以上表述都不对

15. 关于方差分析,以下说法哪一项更合理?(　　　)

A. 方差分析的目的是分析各组总体方差是否有显著差异

B. 方差分析的目的是分析各组总体标准差是否有显著差异

C. 方差分析的目的是分析各组总体均值是否有显著差异

D. 方差分析的目的是分析各组总体中位数是否有显著差异

16. 某结果可能受因素 A 及 B 的影响,现对 A 取 4 个不同的水平,对 B 取 3 个不同的水平,对 A 与 B 每一种水平组合重复二次试验,对观测结果的双因子有交互作用的方差分析模型计算得:$SSA = 44.3$,$SSB = 11.5$,$SSAB = 27.0$,$SSE = 65.00$ 且 $F_{0.05}(2,12) = 3.89$,$F_{0.05}(3,12) = 3.49$,$F_{0.05}(6,12) = 3.00$,则在显著性水平 $\alpha = 0.05$ 时,检验的结果是(　　　)。

A. 只有 A 因素对结果有显著性影响

B. 只有 B 因素对结果有显著性影响

C. 只有交互作用对结果有显著性影响

D. A、B 及 A 和 B 的交互作用都对结果无显著性影响

二、多选题

1. 应用方差分析的前提条件是(　　　)。

A. 各个总体服从正态分布　　　　　　　B. 各个总体均值相等

C. 各个总体具有相同的方差　　　　　　D. 各个总体均值不等

E. 各个总体相互独立

2. 若检验统计量 F 近似等于 1,说明(　　　)。

A. 组间方差中不包含系统因素的影响　　B. 组内方差中不包含系统因素的影响

C. 组间方差中包含系统因素的影响　　　D. 方差分析中应拒绝原假设

E. 方差分析中应接受原假设

3. 对于单因素方差分析的组内误差,下面哪种说法是对的?(　　　)。

A. 其自由度为 $r-1$　　　　　　　　　B. 反映的是随机因素的影响

C. 反映的是随机因素和系统因素的影响　D. 组内误差一定小于组间误差

E. 其自由度为 $n-r$

4. 为研究溶液温度对液体植物的影响,将水温控制在三个水平上,则称这种方差分析是( )。

 A. 单因素方差分析   B. 双因素方差分析

 C. 三因素方差分析   D. 单因素三水平方差分析

 E. 双因素三水平方差分析

5. 对方差分析的基本原理描述正确的有( )。

 A. 通过方差的比较,检验各因子水平下的均值是否相等

 B. 方差分析比较之前应消除自由度的影响

 C. 方差比较的统计量是 F 统计量

 D. 方差分析的实质是对总体均值的统计检验

 E. 方差分析的因子只能是定量的,不然就无法进行量化分析

6. 若采用方差分析法来推断某个因素对所考察的指标有无显著影响,该因素有 K 个水平,样本容量为 N,则下列表述中正确的有( )。

 A. 检验统计量 = 组间平方和/组内平方和

 B. 检验统计量 = 组间均方差/组内均方差

 C. 组间均方差 = 组间平方和/$(K-1)$

 D. 组内均方差 = 组内平方和/$(N-K)$

 E. 检验统计量的分布为 $F(K-1,N-K)$

7. 运用单因素方差分析法,则下列表述中正确的有( )。

 A. 组间方差显著大于组内方差时,该因素对所考察指标的影响显著

 B. 组内方差显著大于组间方差时,该因素对所考察指标的影响显著

 C. 拒绝原假设时,可推断各水平的效应完全没有相同的

 D. 拒绝原假设时,可推断各水平的效应是不完全相同的

 E. 各水平下的样本单位数可以相等也可以不相等

8. 在单因素方差分析中,若检验统计量 $F = MSA/MSE$ 近似等于 1,说明( )。

 A. 组间方差中不包含系统因素的影响

 B. 组内方差中不包含系统因素的影响

 C. 组间方差中包含系统因素的影响

 D. 自变量对因变量没有显著影响

 E. 自变量对因变量有显著影响

三、简答题

1. 方差分析必须满足哪些条件?

2.方差分析的基本思想是什么?

3.方差分析与假使检验有何区别与联系?

4.方差分析有哪几个步骤?

5. 单因素分析与双因素分析有何区别?

6. 无交叉作用的双因素分析与有交叉作用的双因素分析有何不同?

7. 方差分析与分析方差有何区别?

四、计算题

1.某高校将三个班合在一起由同一个老师授课,统计学课程成绩由同一套试卷测试。现在每个班随机抽取6份试卷,成绩见表1。试分析不同班的统计学成绩有无显著差异。($\alpha = 0.05$)

表1　统计学成绩调查表

试卷	一班/分	二班/分	三班/分
1	79	91	75
2	78	69	60
3	99	73	68
4	93	74	81
5	76	83	60
6	87	84	61

2.三台机器制造同一种产品,它们在五天内的日产量见表2,检验这三台机器的日产量是否有显著差异?

表2　三台机器在五天的日产量

机器	日产量/台				
a	138	144	135	149	143
b	163	148	152	146	157
c	155	144	159	147	153

3. 粮食加工厂用 4 种不同的方法存储粮食,存储一段时间后分别抽样化验,得到粮食含水率数据(表 3),检验这 4 种方法储藏的粮食的含水量是否有显著差异?

表 3 不同方法储存的粮食含水率

方法	含水率/%				
a	7.3	8.3	7.6	8.4	8.3
b	5.8	7.4	7.1		
c	8.1	6.4	7		
d	7.9	9			

4. 某课题研究四种衣料的棉花吸附十硼氢量。每种衣料各做 5 次测量,所得数据见表 4。试检验各种衣料的棉花吸附十硼氢量有无显著差异。

表 4 各种衣料的棉花吸附十硼氢量

次　数	衣料 1	衣料 2	衣料 3	衣料 4
第一次	2.33	2.48	3.06	4.00
第二次	2.00	2.34	3.06	5.13
第三次	2.93	2.68	3.00	4.61
第四次	2.73	2.34	2.66	2.80
第五次	2.33	2.22	3.06	3.60

5. 在同一统计学考试试卷中,随机抽取 3 个班,在每个班分别抽取在高中时的文科生、理科生、不分科的学生的试卷各一份,其试卷成绩见表 5。请检验不同班和不同的高中分科对统计学成绩是否有显著影响。($\alpha = 0.05$)

表 5　高中分科与大学分班统计学成绩分析

类　型	一班/分	二班/分	三班/分
文科	79	73	67
理科	96	85	75
不分科	82	83	70

6. 四个工人分别操作三台机器各一天,日产量(单位:只)见表 6。检验工人和机器对产品产量是否有显著影响。

表 6　操作机器日产量表

	机器 1	机器 2	机器 3
工人 1	50	63	52
工人 2	47	54	42
工人 3	47	57	41
工人 4	53	58	48

7. 假设从律师、外科医生、木工师和系统分析员 4 种职业中分别选取 10 个人作为样本,并对他们的工作满足程度进行打分,分值范围在 18 ~ 90 分,打分情况见表 7。在 $\alpha = 0.05$ 的显著性水平下,检验 4 种职业之间的工作满足感的差异是否显著?

表 7　4 种职业工作满足程度表

律师/分	外科医生/分	木工师/分	系统分析员/分
44	55	54	44
42	78	65	73
74	80	79	71
42	86	69	60
53	60	79	64
50	59	64	66
45	62	59	41
48	52	78	55
64	55	84	76
38	50	60	62

8. 在同一统计学考试试卷中,随机抽取 3 个班,在每个班分别抽取在高中时的文科生、理科生、不分科的学生的试卷各 3 份,其试卷成绩见表8。请检验不同班和不同的高中分科对统计学成绩是否有交叉影响。($\alpha = 0.05$)。

表8　3个班级抽取的学生成绩情况

类　型	一班/分	二班/分	三班/分
文科	72	88	84
	60	74	97
	66	82	96
理科	48	80	60
	84	84	84
	66	82	72
不分科	60	74	72
	48	89	60
	54	86	66

9. 为了检验广告方案和广告媒体对产品销售的影响,某营销公司做了一项试验,考察 3 种广告方案和两种广告媒体得到的销售量数据见表9。

表9　广告方案和广告媒体得到的销售数据

广告方案	报纸	电视
A	8	12
	12	8
B	22	26
	14	30
C	10	18
	18	14

检验广告方案、广告媒体或其交互效应对销售量的影响是否显著。

10. 现在流行两种基本类型的管理态度,表现为 X 和 Y 两种理论。信奉 X 理论的老板认为工人基本上是懒惰的,因而不可信赖。信奉 Y 理论的老板认为工人都是努力工作、十分可靠的人。还有的老板信奉第 3 种理论,即 Z 理论,该理论强调长期规划,意见一致的决策,以及雇员与雇主之间彼此真诚相待、亲密无间的关系。假定我们想比较持 3 种理论的公司中工人们的小时工资率。对每一种管理理念我们都选择六家工程公司作为独立随机样本,并记录下在这些公司工作的工人们的起始小时工资率,结果列于表 10 中。我们对表 10 中数据用Excel软件进行方差分析,表 11 是 Excel 的输出结果。

(1)识别 Excel 输出中的关键要素;

(2)有无证据说明在信奉 X、Y、Z 理论的公司中,工程师们的平均起始小时工资之间有显著差别,检验在 $\alpha = 0.025$ 显著性水平下进行。

表10 3 种管理态度下的小时工资率表

X 理论	Y 理论	Z 理论
9.2	10.25	9.50
9.2	10.80	9.75
10.10	10.87	8.60
10.00	11.10	9.36
9.75	10.30	9.85
9.60	10.35	9.90

表11 方差分析结果

变差来源	离差平方和 SS	自由度	均方 MS	检验统计量 F	P 值
组间	4.427 1	2	2.213 6	13.003 2	0.000 5
组内	2.553 5	15	0.170 2		
总计	6.980 6	17			

第 **12** 章
相关分析

12.1 重点与难点

本章介绍了相关分析的概念和意义,并介绍了单相关、复相关、自相关这三种不同的相关分析的应用。重点掌握单相关中的基本概念、SPSS 的操作和输出结果的解读;理解掌握单相关、复相关和自相关的区别和联系;了解各种相关分析中涉及的数学推导过程。

12.2 要点

1. 研究社会现象与现象之间有无关系、相关的密切程度、相关的形式等,称为相关分析。

2. 现象间的依存关系大致可以分为函数关系和相关关系。函数关系,即现象之间存在严格的确定性的依存关系,表现出一现象取某一个值时另一现象有确定的值与之相对应,这种对应关系,可以用数学表达式表示。相关关系,即客观现象之间存在的、数量上不一一对应的依存关系,表现出一现象变化另一现象也随之变化,一现象变化取某一个数值时另一现象变化可能有若干数值与之相对应。

3. 相关关系类型:按涉及变量的多少分为单相关、复相关和偏相关;按相关形式分为线性相关和非线性相关;按相关方向分为正相关和负相关;按相关程度分为完全相关、完全不相关和不完全相关。相关分析按所依据的变量性质分为可控相关分析和不可控相关分析。

4. 相关表:直接根据现象之间的两个变量的原始资料所列出的一一对应而平行排列的统计表。观察相关表中两变量的依存关系,从一变量由小到大的顺序排列看配对的另一变量的变化趋势,若是降低的趋势,则两变量是负相关,反之,则是正相关。若变化比较均匀,则两变量是直线相关,反之,则是非线性相关。

5. 相关图:将相关表中一一对应的有序实数用坐标平面内的点来表示,用以表明相关点分布状况的图形,它又称散点图。把坐标平面内的点用线依次连接起来,观察其形状:如果连线呈直线型,两变量就是直线相关;如果连线呈曲线型,两变量就是曲线相关;如果连线由左向右上角倾斜,两变量就是正相关;如果连线由左向右下角倾斜,两变量就是负相关。

6. 相关系数是用以反映变量之间相关关系密切程度的统计指标。

$r = \dfrac{\text{cov}(x,y)}{\sigma_x \sigma_y}$,$\sigma_x$ 为 x 变量的标准差;σ_x 为 y 变量的标准差;$\text{cov}(x,y)$ 为两个变量的协方差。

(1)取值范围:$|r| \leqslant 1$

(2)当 $|r| \leqslant 1$ 时,x 与 y 之间存在确定的函数关系。

(3)当 $0 < r < 1$ 时,x 与 y 呈正相关;当 $-1 < r < 0$ 时,x 与 y 呈负相关。当 $r = 0$ 时,x 与 y 不相关。

(4)当 $0 < |r| < 1$ 时,表示两变量存在一定程度的线性相关:$|r|$ 越接近 1,两变量间线性关系越密切;$|r|$ 越接近于 0,表示两变量的线性相关越弱。

(5)当 $|r| < 0.4$ 时,x 与 y 为低度线性相关;当 $0.4 \leqslant |r| < 0.7$ 时,x 与 y 为显著性相关;当 $0.7 \leqslant |r| < 1$ 时,x 与 y 为高度线性相关。

7. 复相关是反映一个要素或变量同时与几个要素或变量之间的相关关系。复相关系数用 R 表示,复相关系数越大,表明要素或变量之间的线性相关程度越密切。

$$R = \sqrt{\dfrac{\sum (\hat{y} - \bar{y})^2}{\sum (y - \bar{y})^2}}$$,式中 $\hat{y}$ 为多元线性趋势值或回归估计值。

8. 偏相关分析是指当两个变量同时与第三个变量相关时,将第三个变量的影响剔除,只分析另外两个变量之间相关程度的过程。

变量 x_1,x_2 之间除去 x_3 的影响后的相关系数,记为 $r_{12,3}$,称为 x_1,x_2 对 x_3 的偏相关系数。

$r_{12,3} = \dfrac{r_{12} - r_{13} r_{23}}{\sqrt{1 - r_{13}^2} \sqrt{1 - r_{23}^2}}$,$r_{12}$ 表示 x_1 与 x_2 之间的相关系数,r_{13} 表示 x_1 与 x_3 之间的相关关系,r_{23} 表示 x_2 与 x_3 之间的相关系数。

一般地,偏相关系数计算公式

$$r_{12,34\cdots(p-1)} = \dfrac{r_{12,34\cdots(p-1)} - r_{1p,34\cdots(p-1)} r_{2p,34\cdots(p-1)}}{\sqrt{1 - r_{1p,34\cdots(p-1)}^2} \sqrt{1 - r_{2p,34\cdots(p-1)}^2}}$$

9. 在时间序列中,后期的数值与前期的数值表现出相关关系,称为时间序列自相关。时间数列的自相关也分为线性相关和非线性相关、正相关和负相关等不同种类。

10. 相关分析的 Excel 及 SPSS 操作及结果解读。

12.3 习题

一、单选题

1. 下列关系成函数关系的是( )。

A. 销售人员测验成绩与销售额大小的关系

B. 圆周的长度决定于它的半径

C. 家庭的收入和消费的关系

D. 数学成绩与统计学成绩的关系

2. 相关系数 r 的取值范围是( )。

A. $-\infty < r < +\infty$ B. $-1 \leq r \leq +1$ C. $-1 < r < +1$ D. $0 \leq r \leq +1$

3. 下列关系中,属于正相关关系的是( )。

A. 合理限度内,施肥量和平均单产量之间的关系

B. 产品产量与单位产品成本之间的关系

C. 商品的流通费用与销售利润之间的关系

D. 流通费用率与商品销售量之间的关系

4. 已知变量 X 和 Y 之间的关系如图 1 所示,则变量 X 和 Y 的相关系数为( )。

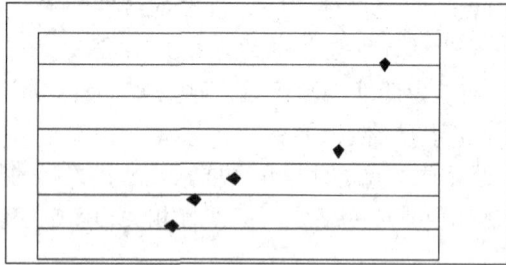

图 1

A. 0.29   B. -0.86 C. 1.04   D. 0.91

5. 相关分析是研究变量之间的( )。

A. 数量关系   B. 变动关系   C. 因果关系   D. 相互关系的密切程度

6. 下列现象之间的关系哪一个属于相关关系?( )

A. 播种量与粮食收获量之间的关系   B. 圆半径与圆周长之间的关系

C. 圆半径与圆面积之间的关系   D. 单位产品成本与总成本之间的关系

7. 正相关的特点是( )。

A. 两个变量之间的变化方向相反   B. 两个变量一增一减

C. 两个变量之间的变化方向一致   D. 两个变量一减一增

8. 相关关系的主要特点是两个变量之间( )。

A. 存在确定的依存关系   B. 存在不完全确定的关系

C. 存在严重的依存关系   D. 存在严格的对应关系

9. 当自变量变化时,因变量也相应地随之等量变化,则两个变量之间存在( )。

A. 直线相关关系   B. 负相关关系

C. 曲线相关关系   D. 正相关关系

10. 当变量 X 值增加时,变量 Y 值都随之下降,则变量 X 和 Y 之间存在( )。

A. 正相关关系   B. 直线相关关系

C. 负相关关系   D. 曲线相关关系

11. 当变量 X 值增加时,变量 Y 值都随之增加,则变量 X 和 Y 之间存在( )。

A. 直线相关关系   B. 负相关关系

C. 曲线相关关系   D. 正相关关系

12. 判定现象之间相关关系密切程度的最主要方法的是( )。

A. 对现象进行定性分析　　　　　　　　B 计算相关系数

C. 编制相关表　　　　　　　　　　　　D. 绘制相关图

13. 相关分析对资料的要求是(　　　)。

A. 自变量不是随机的,因变量是随机的　　B. 两个变量均不是随机的

C. 自变量是随机的,因变量不是随机的　　D. 两个变量均是随机的

14. 相关系数(　　　)。

A. 既适用于直线相关,又适用于曲线相关

B. 只适用于直线相关

C. 既不适用于直线相关,又不适用于曲线相关

D. 只适用于曲线相关

15. 两个变量之间的相关关系称为(　　　)。

A. 单相关　　　　　B. 复相关　　　　　C. 不相关　　　　　D. 负相关

16. 两变量之间相关程度越强,则相关系数(　　　)。

A. 绝对值越趋近于 1　　　　　　　　　B. 越趋近于 0

C. 越大于 1　　　　　　　　　　　　　D. 越小于 1

17. 两变量之间相关程度越弱,则相关系数(　　　)。

A. 越趋近于 1　　　B. 越趋近于 0　　　C. 越大于 1　　　D. 越小于 1

18. 相关系数越接近于 -1,表明两变量间(　　　)。

A. 没有相关关系　　　　　　　　　　　B. 有曲线相关关系

C. 负相关关系越强　　　　　　　　　　D. 负相关关系越弱

19. 当相关系数 $r = 0$ 时,(　　　)。

A. 现象之间完全无关　　　　　　　　　B. 相关程度较小

C. 现象之间完全相关　　　　　　　　　D. 无直线相关关系

20. 从变量之间相关的方向看可分为(　　　)。

A. 正相关与负相关　　　　　　　　　　B. 直线相关和曲线相关

C. 单相关与复相关　　　　　　　　　　D. 完全相关和无相关

21. 从变量之间相关的表现形式看可分为(　　　)。

A. 正相关与负相关　　　　　　　　　　B. 直线相关和曲线相关

C. 单相关与复相关　　　　　　　　　　D. 完全相关和无相关

22. 物价上涨,销售量下降,则物价与销售量之间属于(　　　)。

A. 无相关　　　　　B. 负相关　　　　　C. 正相关　　　　D. 无法判断

二、多选题

1. 下列哪些现象之间的关系为相关关系(　　　)。

A. 家庭收入与消费支出关系　　　　　　B. 圆的面积与它的半径关系

C. 广告支出与商品销售额关系　　　　　D. 单位产品成本与利润关系

E. 在价格固定情况下,销售量与商品销售额关系

2. 相关系数表明两个变量之间的(　　　)。

A. 线性关系　　　　B. 因果关系　　　　C. 变异程度　　　D. 相关方向

E. 相关的密切程度

3.判定现象之间有无相关系数的方法是( )。

A.对客观现象作定性分析　　　　　　B.编制相关表

C.绘制相关图　　　　　　　　　　　D.计算相关系数

E.计算估计标准误

4.直线相关分析的特点是( )。

A.相关系数有正负号　　　　　　　　B.两个变量是对等关系

C.只有一个相关系数　　　　　　　　D.因变量是随机变量

E.两个变量均是随机变量

5.从变量之间相互关系的表现形式看,相关关系可分为( )。

A.正相关　　　　B.负相关　　　　C.直线相关　　　　D.曲线相关

E.单相关和复相关

6.根据变量之间相关关系的密切程度划分,可分为( )。

A.不相关　　　　B.完全相关　　　　C.不完全相关　　　　D.线性相关

E.非线性相关

7.当现象之间完全相关时,相关系数为( )。

A.0　　　　　　B. -1　　　　　　C.1　　　　　　D.0.5

E. -0.5

8.相关系数 $r=0$ 说明两个变量之间是( )。

A.可能完全不相关　　　　　　　　　B.可能是曲线相关

C.肯定不线性相关　　　　　　　　　D.肯定不曲线相关

E.高度曲线相关

9.下列现象属于正相关的有( )。

A.家庭收入越多,其消费支出也越多

B.流通费用率随商品销售额的增加而减少

C.产量随生产用固定资产价值减少而减少

D.生产单位产品耗用工时,随劳动生产率的提高而减少

E.工人劳动生产率越高,则创造的产值就越多

10.从现象间相互关系的方向划分,相关关系可以分为( )。

A.直线相关　　　　B.曲线相关　　　　C.正相关　　　　D.负相关

E.单相关

11.若两个变量 x 和 y 之间的相关系数 $r=1$,则( )。

A.观察值和理论值的离差不存在　　　B. y 的所有理论值同它的平均值一致

C. x 和 y 是函数关系　　　　　　　D. x 与 y 不相关

E. x 与 y 是完全正相关

三、判断题(正确的打"√",错误的打"×",并填写在题后的括号中)

1.相关关系和函数关系都属于完全确定性的依存关系。　　　　　　　　( )

2.如果两个变量的变动方向一致,同时呈上升或下降趋势,则二者是正相关关系。

( )

3.假定变量 x 与 y 的相关系数是0.8,变量 m 与 n 的相关系数为 -0.9 ,则 x 与 y 的相关密

切程度高。　　　　　　　　　　　　　　　　　　　　　　　　　　　（　　）

4. 当直线相关系数 $r=0$ 时,说明变量之间不存在任何相关关系。　　　（　　）

5. 工人的技术水平提高,使劳动生产率提高。这种关系是一种不完全的正相关关系。
　　　　　　　　　　　　　　　　　　　　　　　　　　　　　　　（　　）

6. 相关的两个变量,只能算出一个相关系数。　　　　　　　　　　　（　　）

7. 不管相关关系表现形式如何,当 $|r|=1$ 时,变量 X 和变量 Y 都是完全相关的。
　　　　　　　　　　　　　　　　　　　　　　　　　　　　　　　（　　）

8. 不管相关关系表现形式如何,当 $|r|=0$ 时,变量 X 和变量 Y 都是完全不相关的。
　　　　　　　　　　　　　　　　　　　　　　　　　　　　　　　（　　）

9. 负相关是指两个变量的变化趋势相反,一个上升而另一个下降。　　（　　）

10. 相关系数是测定变量之间相关关系密切程度的唯一方法。　　　　（　　）

11. 相关系数 r 是在曲线相关条件下,说明两个变量之间相关关系密切程度的统计分析
指标。　　　　　　　　　　　　　　　　　　　　　　　　　　　　　（　　）

12. 相关系数数值越大,说明相关程度越高;相关系数数值越小,说明相关程度越低。
　　　　　　　　　　　　　　　　　　　　　　　　　　　　　　　（　　）

四、简答题

1. 相关关系与函数关系有什么区别和联系?

2. 如何描述相关关系? 如何对相关关系分类?

3. 相关系数的意义是什么?

4. 相关系数的取值范围是什么？

5. 如何根据相关系数的值判断相关程度？

6. 在研究相关分析中，应注意哪些问题？

7. 什么是自相关？

8. 什么是复相关？

9.偏相关与自相关有何区别?

五、计算题

1.由 $r = \dfrac{\mathrm{cov}(x, y)}{\sigma_x \sigma_y}$,证明(1) $r = \dfrac{\sum (x - \bar{x})(y - \bar{y})}{\sqrt{\sum (x - \bar{x})^2 \sum (y - \bar{y})^2}}$;

(2)再证明 $r = \dfrac{n \sum xy - \sum x \sum y}{\sqrt{n \sum x^2 - \left(\sum x\right)^2} \sqrt{n \sum y^2 - \left(\sum y\right)^2}}$

证:

2.研究物体在横断面上渗透深度 h 与局部能量 E(每平方厘米上的能量)的关系,得到的实验数据见表 1。请检验局部能量 E 与渗透深度 h 之间是否存在显著的线性关系。

表1　相关实验数据

h/cm	4	8	10	14	16	20	19	23	26	30	31	36	37
E/J	41	50	81	104	120	139	154	180	208	241	250	269	301

3. 某种产品的产量与单位成本的资料见表 2。请计算相关系数 r,并判断其相关程度和相关方向。

表2　某产品的产量与单位成本的关系

产量 x/千件	单位成本 y/(元·件$^{-1}$)
2	73
3	72
4	71
3	73
4	69
5	68

4. 表3给出了中国近13年的发电量与工业增加值的统计数据(数据来源于《中国统计年鉴》)。

表3　中国发电量与工业增加值的统计数据

发电量/亿 kW·h	工业增加值/亿元
1 007.30	15 446.12
10 813.10	18 026.11
11 355.53	19 835.18
11 670.00	19 421.93
12 393.00	21 564.74
13 556.00	25 394.80
14 808.02	28 329.37
16 540.00	32 994.75
19 105.75	41 990.23
22 033.09	54 805.10
25 002.60	72 186.99
28 657.26	91 075.73
32 815.53	117 048.40

（1）以发电量为自变量,以工业增加值为因变量,绘制散点图;并判断这两个变量之间是否存在关联关系。

（2）计算两个变量间的相关系数,并说明它们之间相关关系的强弱。

5.各航空公司的航班正点率和每 10 万名乘客投诉的次数数据见表 4。

表 4　航空公司航班正点率和每 10 万名乘客投诉的次数数据表

航空公司名称	正点率/%	投诉率/(次·10 万名乘客$^{-1}$)
A	81.8	0.21
B	76.6	0.58
C	76.6	0.85
D	75.7	0.68
E	73.8	0.74
F	72.2	0.93
G	71.2	0.72
H	70.8	1.22
I	68.5	1.25

（1）画出这些数据的散点图,并根据散点图说明两变量之间存在什么关系?

（2）计算两个变量间的相关系数,并说明它们之间相关关系的强弱。

6. 某种作物单位面积的成本 x 与产量 y 有关,通过表 5 的实验数据,试检验产量 y 与成本的倒数 $1/x$ 之间是否存在显著的线性相关关系。

表 8　某种作物单位面积的成本 x 与产量 y 的实验数据

成本 $x/(\text{元} \cdot \text{m}^{-2})$	5.67	4.45	3.85	3.84	3.73	2.18
产量 $y/(\text{kg} \cdot \text{m}^{-2})$	18.1	18.5	18.9	18.8	18.3	19.1

第 **13** 章

回归分析

13.1 重点与难点

本章介绍了回归分析的含义、一元线性回归分析、多元回归、曲线回归及自回归几种不同类型的回归分析的模型建立及模型检验的数学过程及应用 Excel 或 SPSS 等进行的操作。重点掌握回归分析的含义及用 Excel 或 SPSS 等进行回归的操作和解读;理解掌握不同类型的回归;了解掌握回归方程建立和检验的数学推理过程。

13.2 要点

1. 回归分析是通过一个变量或一些变量的变化解释另一变量的变化,用适当的数学模型去近似地表达或估计变量之间的平均变化关系。

2. 回归分析的种类:按自变量的个数分,有一元回归和多元回归;按回归曲线的形态分,有线性(直线)回归和非线性(曲线)回归。

3. 回归分析的主要步骤:第一步,根据理论和对问题的分析判断,将变量分为自变量和因变量。第二步,设法找出合适的数学方程式(即回归模型)描述变量间的关系。第三步,对回归模型进行统计检验。第四步,利用回归模型,根据自变量去估计、预测因变量。

4. 直线方程只有一个因变量和一个自变量,且变量的次数只有一次,称为一元线性回归方程。运用一元线性回归方程来分析因变量对自变量的依存关系就是一元线性回归分析。在相关图中,如果自变量与因变量对应的散点图近似为直线,或计算出的相关系数具有显著的直线相关关系,就找一个"直线方程 $y = kx + b$"来具体表示这种直线相关关系。

用最小二乘法来求直线方程 $\hat{y} = kx + b$ 中的斜率 k 和截距 b。

$$\begin{cases} b = \dfrac{\sum y}{n} - k\dfrac{\sum x}{n} \\ k = \dfrac{n\sum xy - (\sum x)(\sum y)}{n\sum x^2 - (\sum x)^2} \end{cases} 或 \begin{cases} b = \bar{y} - k\bar{x} \\ k = \dfrac{\text{cov}(x, y)}{\sigma_x^2} \end{cases}$$

5. 回归系数与相关系数有着非常密切的数量关系,相关分析与回归分析两者可互相推算。

$$k = r\frac{\sigma_y}{\sigma_x}$$

6. 回归方程的计算值 $\hat{y}$ 与实际值 y 存在差距,这差距用估计标准误差(S_y)来表示。估计标准误差 S_y 是衡量回归直线代表性大小的统计分析指标,它说明观察值围绕着回归直线的变化程度或分散程度。

$$S_y = \sqrt{\frac{\sum (y - \hat{y})^2}{n - 2}}$$

7. 估计标准误差与相关系数的关系:$S_y = \sigma_y \sqrt{1 - r^2}$。

8. 总离差平方和(SST) = 剩余平方和(SSE) + 回归平方和(SSR)

9. 把回归平方和与总离差平方和之比定义为样本判定系数,记作 r^2,是回归直线与样本观测值拟合优度判定的指标。r^2 的值为 $0 \sim 1$,r^2 越大,拟合优度就越好;如 r^2 不大,说明模型中给出的 x 对 y 的信息还不够充分,应进行修改,使 x 对 y 的信息得到充分利用。

$$r^2 = \frac{\text{SSR}}{\text{SST}} = \frac{\sum (\hat{y} - \bar{y})^2}{\sum (y - \bar{y})^2} 或:r^2 = \frac{\text{SSR}}{\text{SST}} = 1 - \frac{\text{SSE}}{\text{SST}} = 1 - \frac{\sum (y - \hat{y})^2}{\sum (y - \bar{y})^2} = 1 - \frac{\dfrac{\sum (y - \hat{y})^2}{n - 2}}{\dfrac{\sum (y - \bar{y})^2}{n - 2}} =$$

$$1 - \frac{\sigma_x^2}{\sigma_y^2}$$

10. 多元线性回归分析是研究两个或两个以上的自变量对一个因变量数值的影响。多元回归方程的建立:设因变量 y 受 $x_1, x_2, x_3, \cdots, x_m$ 等 m 个自变量的影响,则因变量 y 倚各个自变量 x_j 的多元线性回归方程的基本形式为

$$\hat{y} = B_0 + B_1 x_1 + B_2 x_2 + \cdots + B_m x_m$$

式中:$\hat{y}$ 是 y 的回归估计值,$B_1, B_2, B_3, \cdots, B_m$ 是对应于各个变量 x_j 的回归系数,B_0 是常数项。求解多元线性回归方程的常用方法仍然是最小平方法。按最小平方法的基本要求,通过对每个回归系数求偏导数,并令其等于 0,便可得下列 $m + 1$ 个正规方程组成的方程组

$$\begin{cases} nB_0 + B_1\sum x_1 + B_2\sum x_2 + B_3\sum x_3 + \cdots + B_m\sum x_m = \sum y \\ B_0\sum x_1 + B_1\sum x_1^2 + B_2\sum x_1 x_2 + B_3\sum x_1 x_3 + \cdots + B_m\sum x_1 x_m = \sum x_1 y \\ B_0\sum x_2 + B_1\sum x_2 x_1 + B_2\sum x_2^2 + B_3\sum x_2 x_3 + \cdots + B_m\sum x_2 x_m = \sum x_2 y \\ \vdots \\ B_0\sum x_m + B_1\sum x_m x_1 + B_2\sum x_m x_2 + B_3\sum x_m x_3 + \cdots + B_m\sum x_m^2 = \sum x_m y \end{cases}$$

根据资料,计算各个有关数据后,可代入方程求解出各个回归参数的值。

11. 多元线性回归模型的检验

（1）拟合程度的评价

在多元线性回归分析中，总平方和的分解公式依然成立。为了判断一般线性模型（非一元线性模型）与数据的拟合程度，需要计算一个多重判定系数 R^2。

$$R^2 = 1 - \frac{\sum (y - \hat{y})^2}{\sum (y - \bar{y})^2} = \frac{\sum (\hat{y} - \bar{y})^2}{\sum (y - \bar{y})^2}$$

（2）多元线性回归的回归标准差

$s_y = \sqrt{\dfrac{\sum (y - \hat{y})^2}{n - m - 1}}$，$n$ 为样本容量，m 为回归系数个数。

（3）回归方程的显著性检验（F 检验）

F 检验是检验自变量与因变量总体的线性关系（对线性模型而言），检验整体参数的显著性。

假设：$H_0 : B_1 = B_2 = \cdots = B_m = 0$，$H_1 : B_j (j = 1, 2, \cdots, m)$ 不全为零。

构造统计量：$F = \dfrac{\dfrac{\text{SSR}}{m}}{\dfrac{\text{SSE}}{n - m - 1}} = \dfrac{\dfrac{\sum (\hat{y} - \bar{y})^2}{m}}{\dfrac{\sum (\hat{y} - \bar{y})^2}{n - m - 1}} \sim F(m, n - m - 1)$

给定显著性水平 α，计算临界值 $F_\alpha(m, n - m - 1)$

$F \leqslant F_\alpha(m, n - m - 1)$，接受零假设，说明 $B_1 = B_2 = \cdots = B_m = 0$，方程中所有自变量联合起来对因变量的影响不显著；$F > F_\alpha(m, n - m - 1)$ 拒绝零假设，说明 $B_j(j = 1, 2, \cdots, m)$ 不全为零，方程中所有自变量联合起来对因变量有显著影响。

（4）回归参数的显著性检验（t 检验）

通过 F 检验，说明整体参数中至少有一个是显著的，但不一定都是显著的。t 检验是检验单个参数的显著性，通过 t 检验说明被检验的参数是显著有效的，如果不能通过 t 检验的话，说明该自变量对因变量的解释作用不大，应该在模型中剔除。

假设：$H_0 : B_j = 0$，$H_1 : B_j \neq 0$

构造统计量 $t_j = \dfrac{B_j}{S_{B_j}} \sim t(n - m)$

其中 S_{B_j} 是第 j 个参数估计值的标准差，$s_{b_j} = \dfrac{s_y}{\sqrt{\sum (x_{ij} - \bar{x}_j)^2}}$

给定显著性水平 α，计算临界值 $t_{\frac{\alpha}{2}}(n - m - 1)$

$|t_j| < t_{\frac{\alpha}{2}}(n - m - 1)$ 接受原假设，说明其他自变量不变的情况下，自变量 x_j 对因变量 y 没有显著影响。$|t_j| \geqslant t_{\frac{\alpha}{2}}(n - m - 1)$，拒绝原假设，说明其他自变量不变的情况下，自变量 x_j 对因变量 y 影响显著。

12. 可线性化的曲线回归

（1）可线性化的常用曲线类型（表 1）

表1　常见的可化为线性的曲线方程

方程名称	原方程	代换	新方程
指数函数	$y = be^{kx}$	$y' = \ln Y$	$y' = \ln b + kx$
幂函数	$y = bx^k$	$y' = \lg y, x' = \lg x$	$y' = \lg b + kx'$
双曲线函数	$y = b + \dfrac{k}{x}$	$x' = \dfrac{1}{x}$	$y' = b + kx'$
对数函数	$y = b + k \lg x$	$x' = \lg x$	$y = b + kx'$
S形曲线函数	$y = \dfrac{1}{b + ke^{-x}}$	$y' = \dfrac{1}{y}, x' = e^{-x}$	$y' = b + kx'$
抛物线函数	$y = b_0 + b_1 x + b_2 x^2$	$x_1 = x, x_2 = x^2$	$y = b_0 + b_1 x_1 + b_2 x_2$

（2）在非线性回归分析中，可用非线性判定系数 R^2 来度量两变量之间非线性相关的密切程度。R^2 的变化范围介于 0 与 1，R^2 越接近于 1，表明变量间的非线性相关的程度越强，所配合的曲线效果越好，反之，R^2 越接近于 0，表明变量间非线性相关程度越弱，所配合的曲线效果越差。

$$R^2 = 1 - \frac{\sum (y - \hat{y})^2}{\sum (y - \bar{y})^2}$$

13. 利用 SPSS 进行回归分析的应用。

14. 在回归分析中，寻找的是变量间的关系，代表这种关系的函数就是所期望的结果，也可能是所期望的均值。在相关分析中需要度量的是两个或两个以上随机变量之间线性关系的强度。当二维数据显示在散点图上落在一条直线附近时，它们支持一个线性关系，但是这并不能证明这是必然的和有因果的。

13.3　习题

一、单选题

1. 年劳动生产率 z（千元）和工人工资 $y = 10 + 70x$，这意味着年劳动生产率每提高 1 千元时，工人工资平均（　　）。

A. 增加 70 元　　　　B. 减少 70 元　　　　C. 增加 80 元　　　　D. 减少 80 元

2. 回归系数和相关系数的符号是一致的，其符号均可用来判断现象（　　）。

A. 线性相关还是非线性相关　　　　　　B. 正相关还是负相关

C. 完全相关还是不完全相关　　　　　　D. 单相关还是复相关

3. 在回归直线 $y = a + bx$ 中，b 表示（　　）。

A. 当 x 增加一个单位，y 增加 a 的数量

B. 当 y 增加一个单位时，x 增加 b 的数量

C. 当 x 增加一个单位时，y 的平均增加量

D. 当 y 增加一个单位时，x 的平均增加量

4. 相关分析和回归分析相辅相成,又各有特点,下面描述正确的是(　　　)。

A. 在相关分析中,相关的两变量都不是随机的

B. 在回归分析中,自变量是随机的,因变量不是随机的

C. 在回归分析中,因变量和自变量都是随机的

D. 在相关分析中,相关的两变量都是随机的

5. 一元一次回归方程 $y = a + bx$ 中的 a 表示(　　　)。

A. 斜率　　　　　　B. 最小平均法　　　　C. 回归直线　　　　　D. 截距

6. 在有线性相关关系的两变量建立的直线回归方程 $y = a + bx$ 中,回归系数 b(　　　)。

A. 肯定是正数　　　B. 显著不为 0　　　　C. 可能为 0　　　　　D. 肯定为负数

7. 两变量 X 和 Y 的相关系数为 0.8,则其回归直线的判定系数为(　　　)。

A. 0.50　　　　　　B. 0.80　　　　　　　C. 0.64　　　　　　　D. 0.90

8. 在完成构造与评价一个回归模型后,我们可以(　　　)。

A. 估计未来所需样本的容量

B. 计算相关系数和判定系数

C. 以给定的因变量的值估计自变量的值

D. 以给定的自变量的值估计因变量的值

9. 对相关系数的显著性检验,通常采用的是(　　　)。

A. t 检验　　　　　B. F 检验　　　　　C. Z 检验　　　　　D. F 检验或 Z 检验

10. 在回归分析中,两个变量(　　　)。

A. 都是随机变量　　　　　　　　　　B. 都不是随机变量

C. 自变量是随机变量　　　　　　　　D. 因变量是随机变量

11. 一元线性回归模型和多元线性回归模型的区别在于只有一个(　　　)。

A. 因变量　　　　　B. 自变量　　　　　　C. 相关系数　　　　　D. 判定系数

12. 在回归分析中,要求对应的两个变量(　　　)。

A. 都是随机变量　　B. 不是对等关系　　　C. 是对等关系　　　　D. 都不是随机变量

13. 设某种产品产量为 1 000 件时,其生产成本为 30 000 元,其中固定成本为 6 000 元,则总生产成本对产量的一元线性回归方程为(　　　)。

A. $y = 6 + 0.24x$　　B. $y = 6\,000 + 24x$　　C. $y = 24\,000 + 6x$　　D. $y = 30 + 6\,000x$

14. 用来反映因变量估计值代表性高低的指标称作(　　　)。

A. 相关系数　　　　B. 回归参数　　　　　C. 剩余变差　　　　　D. 估计标准误差

15. 按回归曲线的形态分为(　　　)。

A. 一元回归和多元回归　　　　　　　B. 线性回归和非线性回归

C. 一元回归和非线性回归　　　　　　D. 多元回归和线性回归

二、多选题

1. 回归分析和相关分析的关系是(　　　)。

A. 回归分析可用于估计和预测

B. 相关分析是研究变量之间的相互依存关系的密切程度

C. 回归分析中自变量和因变量可以互相推导并进行预测

D. 相关分析须区分自变量和因变量

E.相关分析是回归分析的基础

2.模拟回归方程进行分析适用于( )。

A.变量之间存在一定程度的相关系数　　　B.不存在任何关系的几个变量

C.变量之间存在线性相关　　　　　　　　D.变量之间存在曲线相关

E.时间序列变量和时间之间

3.判定系数 $r^2 = 80\%$ 的含义有哪些?( )

A.自变量和因变量之间的相关关系的密切程度

B.因变量 y 的总变化中有 80% 可以由回归直线来解释和说明

C.总偏差中有 80% 可以由回归偏差来解释

D.相关系数一定为 0.64

E.判定系数和相关系数无关

4.一元线性回归分析中的回归系数 b 可以表示( )。

A.两个变量之间相关关系的密切程度

B.两个变量之间相关关系的方向

C.当自变量增减一个单位时,因变量平均增减的量

D.当因变量增减一个单位时,自变量平均增减的量

E.回归模型的拟合优度

5.设单位产品成本(元)对产量(件)的一元线性回归方程为 $y = 85 - 5.6x$,则( )。

A.单位成本与产量之间存在负相关

B.单位成本与产量之间存在正相关

C.产量每增加 1 000 件,单位成本平均增加 5.6 元

D.产量为 1 000 件时,单位成本为 79.4 元

E.产量每增加 1 000 件,单位成本平均减少 5.6 元

6.直线回归分析的特点有哪些?( )

A.存在两个回归方程　　　　　　　　　B.回归系数有正负值

C.两个变量不对等关系　　　　　　　　D.自变量是给定的,因变量是随机的

E.利用一个回归方程,两个变量可以相互计算

三、判断题(正确的打"√",错误的打"×",并填写在题后的括号中)

1.在进行相关和回归分析时,必须以定性分析为前提,判定现象之间有无关系及其作用范围。 ( )

2.回归系数 b 的符号与相关系数 r 的符号,可以相同也可以不相同。 ( )

3.在直线回归分析中,两个变量是对等的,不需要区分因变量和自变量。 ( )

4.相关系数 r 越大,则估计标准误差 S_{xy} 值越大,从而直线回归方程的精确性越低。 ( )

5.进行相关与回归分析应注意对相关系数和回归直线方程的有效性进行检验。 ( )

6.一种回归直线只能作一种推算,不能反过来进行另一种推算。 ( )

7.不论是相关分析还是回归分析,都必须确定自变量和因变量。 ( )

8.从分析层次上讲,相关分析更深刻一些。因为相关分析具有推理的性质,而回归分析从本质上讲只是对客观事物的一种描述,知其然而不知其所以然。 ( )

9. 当回归系数大于零时,两个变量的关系是正相关;而当回归系数小于零时,两个变量的关系是负相关。　　　　　　　　　　　　　　　　　　　　　（　　）

10. 估计标准误差是以回归直线为中心反映各观察值与估计值平均数之间离差程度的大小。　　　　　　　　　　　　　　　　　　　　　　　　　　　　　　（　　）

四、简答题

1. 简述回归分析与相关分析的联系和区别。

2. 回归方程 $y = kx + b$ 中参数 k、b 的经济意义是什么?

3. 回归系数 k、相关系数 r、判定系数 r^2、回归标准差 s_y 之间是什么关系?

4. 多元线性回归参数与复相关系数、偏相关系数有什么关系?

5. 常见的曲线相关种类有哪些? 如何将曲线回归线性化?

6. 如何计算曲线回归的标准差和判定系数？

7. 试比较简单自回归与简单直线回归。

8. 试比较曲线回归与直线回归。

五、计算题

1. 研究物体在横断面上渗透深度 h 与局部能量 E（每平方厘米上的能量）的关系，得到实验数据见表 2。试求渗透深度 h 与局部能量 E 的线性回归模型。

表 2　相关实验数据

h/cm	4	8	10	14	16	20	19	23	26	30	31	36	37
E/J	41	50	81	104	120	139	154	180	208	241	250	269	301

2. 某种产品的产量与单位成本的资料见表 3。请建立单位成本与产量的线性回归模型，并指出产量每增加 1 000 件时，单位成本平均下降多少元？

表 3　某产品的产量与单位成本的关系

产量 x/千件	单位成本 y/（元·件$^{-1}$）
2	73
3	72
4	71
3	73
4	69
5	68

3. 表 4 给出了中国近 13 年的发电量与工业增加值的统计数据（数据来源于《中国统计年鉴》）。

表 4　中国发电量与工业增加值的统计数据

发电量/亿 kW·h	工业增加值/亿元
1 007.30	15 446.12
10 813.10	18 026.11
11 355.53	19 835.18
11 670.00	19 421.93
12 393.00	21 564.74
13 556.00	25 394.80
14 808.02	28 329.37
16 540.00	32 994.75
19 105.75	41 990.23
22 033.09	54 805.10
25 002.60	72 186.99
28 657.26	91 075.73
32 815.53	117 048.40

要求:(1)以发电量为自变量,以工业增加值为因变量,建立回归方程,并解释回归系数的实际意义。

(2)对模型进行检验($\alpha = 0.05$)。

(3)如果某年份的发电量为 35 000 亿 kW·h,请预测工业增加值的水平。

4.各航空公司的航班正点率和每 10 万名乘客投诉的次数数据见表 5。

表 5　航空公司航班正点率和每 10 万名乘客投诉的次数数据表

航空公司名称	正点率/%	投诉率/(次·10 万名乘客$^{-1}$)
A	81.8	0.21
B	76.6	0.58
C	76.6	0.85
D	75.7	0.68
E	73.8	0.74
F	72.2	0.93
G	71.2	0.72
H	70.8	1.22
I	68.5	1.25

要求:(1)用航班正点率为自变量,顾客投诉次数为因变量,求出估计的回归方程,并对回归模型的参数做出解释。

(2)对模型进行检验($\alpha = 0.05$)。

(3)如果航班正点率为 89%,估计顾客的投诉次数。

5. 在其他条件不变的情况下, 某种商品的需求量 y 与该商品 x 的价格有关, 现对给定时期内的价格与需求量进行观察, 得到表 6 的一组数据。

表 6　需求量与价格的关系表

价格 x/元	10	6	8	9	12	11	9	10	12	7
需求量 y/t	60	72	70	56	55	57	57	53	54	70

要求:(1)计算价格与需求量之间的单相关系数。

(2)拟合需求量对价格的回归直线。

(3)计算回归方程的估计标准误差和判定系数, t 检验方程是否有效。

(4)当价格确定为 15 元时, 计算需求量的估计值。

6. 试搜集我国近 10 年的能源消耗量与工业总产值的统计资料, 根据搜集的资料:

(1)利用 Excel 绘制出相关图。

(2)利用 Excel 或 SPSS 求出能源消耗量和工业总产值的相关系数, 说明相关程度。

(3)以能源消耗量为自变量, 工业总产值为因变量, 建立回归方程。

(4)检验回归方程。

7. 一家电气销售公司的管理人员认为, 每月的销售额是广告费用的函数, 并想通过广告费用对月销售额做出估计, 表 7 是近 8 个月的销售额与广告费用数据。

表 7　销售额与广告费用数据

月销售额 y/万元	电视广告费用 x_1/万元	报纸广告费用 x_2/万元
96	5.0	1.5
90	2.0	2.0
95	4.0	1.5
92	2.5	2.5
95	3.0	3.3

续表

月销售额 y/万元	电视广告费用 x_1/万元	报纸广告费用 x_2/万元
94	3.5	2.3
94	2.5	4.2
94	3.0	2.5

要求:(1)以电视广告费用为自变量,月销售额为因变量,建立估计的回归方程。

(2)以电视广告费用和报纸广告费用为自变量,月销售额为因变量,建立估计的回归方程。

(3)比较上述(1)和(2)所建立的回归方程,电视广告费用的系数是否相同?

(4)对根据问题(2)建立的回归方程进行检验。

8. 表8是各城市人均寿命(y)、按购买力平价计算的人均 GDP(x_1)、成人识字率(x_2)、一岁儿童疫苗接种率(x_3)的数据。

要求:(1)用多元回归的方法分析各城市人均寿命(y)、按购买力平价计算的人均 GDP(x_1)、成人识字率(x_2)、一岁儿童疫苗接种率(x_3)之间的关系。

(2)对所建立的回归模型进行检验。($\alpha = 0.05$)

表8 相关统计数据

城市序号	人均寿命(y)	人均 GDP(x_1)	成人识字率(x_2)	一岁儿童疫苗接种率(x_3)
1	79	194	99	99
2	77	185	90	79
3	70	83	97	83
4	74	147	92	90
5	69	53	94	86
6	70	74	80	90
7	71	27	89	88
8	70	29	80	94
9	65	24	90	92
10	71	18	95	96
11	63	23	95	85

续表

城市序号	人均寿命(y)	人均 GDP(x_1)	成人识字率(x_2)	一岁儿童疫苗接种率(x_3)
12	62	27	84	92
13	63	13	89	90
14	57	7	81	74
15	58	20	36	81
16	50	18	55	36
17	60	12	50	90
18	52	12	37	69
19	50	13	38	37
20	53	11	27	73
21	48	6	41	85
22	43	7	32	35

9. 某种作物单位面积的成本 x 与产量 y 有关, 通过实验得到以下数据(见表9)。

(1)试用回归的方法检验产量与成本的倒数是否存在显著的线性关系?

(2)对所建立的模型进行检验。

表9　某种作物单位面积的成本 x 与产量 y 实验数据

成本 $x/(元 \cdot m^{-2})$	5.67	4.45	3.85	3.84	3.73	2.18
产量 $y/(kg \cdot m^{-2})$	18.1	18.5	18.9	18.8	18.3	19.1

第 **14** 章
静态数据的应用

14.1　重点与难点

　　本章主要在前三篇的基础上对静态数据的应用进行了讲解和分析。以例子的形式对单变量静态数据、双变量静态数据及多变量静态数据的应用进行了相应的介绍和分析。希望大家重点掌握静态数据的概念,几种静态变量的区别和联系等;理解掌握单变量、双变量和多变量静态数据的灵活应用。

14.2　要点

　　1.静态数据,又称截面数据,是在同一总体、不同统计单位、同一时间点(或同一时间)截面上的调查数据。

　　2.静态数据的特点:相同时间,不同统计对象,相同统计指标,按统计单位排列数据,数据具有离散性、个体性、差异性等。

　　3.静态数据分为单变量静态数据、双变量静态数据、多变量静态数据。

　　4.单变量静态数据是对同一时点(或同一时间)、同一总体内的不同统计单位所承载的一个数量标志进行一系列观察所得到的一列数据。

　　5.单变量静态数据的特点:同一时点(或同一时间)的某种经济现象(一种标志),突出统计单位的差异,按单位排列的一列(或一行)数据。

　　6.单变量静态数据的应用:主要用于计算总量指标、结构相对指标、比较相对指标、比例相对指标、平均指标、变异指标和进行参数估计、假设检验等。

　　7.双变量静态数据是对同一时点(或同一时间)、同一总体内的不同统计单位的两种标志进行一系列观察所得到的数据。

　　8.双变量静态数据的特点:同一时点(或时间)的两种现象(两种标志),突出变量之间的联系。

9.双变量静态数据分三种类型:两个变量均为类型变量、两个变量均为数值变量、一个类型变量和一个数值变量。

10.多变量静态数据是对同一时点(或同一时间)、同一总体内的不同统计单位所承载的多个(三个或三个以上)数量标志进行一系列观察所得到的多组(三组或三组以上)数据。

11.多变量静态数据的特点:同一时点(或时间)的多种现象(三个或三个以上指标),突出变量之间的联系。

14.3　习题

一、简答题

1.什么是静态数据?

2.单变量静态数据的结构与特点。

3.双变量静态数据的结构与特点。

4.多变量静态数据的结构与特点。

5. 什么是关联推测指数?

6. 怎样解读 Excel 回归分析结果输出表?

7. 怎样解读 Excel 主成分分析结果输出表?

8. 简述单变量静态数据的主要用途。

9. 简述双变量静态数据的主要用途。

10. 简述多变量静态数据的主要用途。

二、应用题

美国医学医护协会对医护专业未来护士的缺失十分关注。为了了解现阶段护士们对工作的满意程度,该协会发起了一项对全国医院护士的调查研究。一个由 50 名护士组成的随机样本,要求他们写出对工作、工资和升职机会的满意程度。这三方面的评分都是从 0 分到 100 分,分值越大表明满意程度越高。表 1 显示了根据护士所在医院的分类——私人医院、军人下属医院、大学医院搜集到的数据。

表 1　来自 3 种类型医院共 50 名护士对工作、工资和升职机会满意程度的评分样本数据

私人医院			军队附属医院			大学附属医院		
工作	工资	升职机会	工作	工资	升职机会	工作	工资	升职机会
72	57	40	71	49	58	84	53	63
90	62	66	84	74	37	87	66	49
84	42	66	72	37	86	72	59	79
85	56	64	63	48	78	88	55	52
71	45	68	84	60	29	74	70	51
88	49	42	73	56	55	85	89	46
72	60	45	94	60	52	79	59	41
88	36	47	90	27	67	69	47	16
77	60	75	72	76	37	90	56	23
64	43	61	86	37	59	77	90	51
71	25	74	86	72	72	71	36	55
84	28	62	95	66	52	75	53	92
70	38	54	65	42	68	76	54	54
87	51	57	82	37	54	89	80	64
74	59	82	82	60	56			
89	66	62	90	76	70			
85	57	67	78	52	72			
74	47	63						
82	49	91						

(1)建立频数分布表、列联表等,判断哪一方面是护士们最满意的,哪一方面是护士们最不满意的,你认为应该在哪些方面进行改进。

(2)护士们对哪一方面的满意程度差别最大?并解释原因。

(3)从医院类型的数据中可以了解到什么,医院的类型与各维度之间的满意程度是否存在显著差异?

(4)是否有某一类型的医院在满意程度上优于其他医院?能否根据你的结论提出了解并

改进其工作满意程度的建议？

三、案例题

国内交通周转量预测的案例分析

交通运输是地区经济发展的基础产业。研究地区经济发展水平对交通运输业规模需求的影响，将为相关部门再进行产业政策的决策提供科学依据。某大学经济管理学院的 1 名 MBA 学生宋杰在某交通运输部门的信息中心工作，目前负责对国内的交通运输情况进行预测分析。根据实际工作经验，她认为一个地区的交通运输情况应该与其经济发展方面的指标之间存在密切联系。因此，她首先选取中国 31 个省、市、自治区的旅客周转量和货运量周转量为因变量，同时选取这些地区的国内生产总值、年末总人口等指标作为备选的自变量集合（表 2），希望建立回归分析模型。（与表 2 中变量相关的数据均可在《中国统计年鉴》中查到。）

表 2　经济指标与变量名称

变量	指标名称	变量	指标名称
y_1	各地区旅客周转量	x_6	建筑业总产值
y_2	各地区货物周转量	x_7	农林牧渔业总产值
x_1	地区生产总值	x_8	职工平均工资
x_2	年末总人口	x_9	全社会固定资产投资
x_3	居民消费水平	x_{10}	财政收入
x_4	社会商品零售总额	x_{11}	按经营单位所在地分货物进出口额
x_5	工业增加值	x_{12}	接待入境旅游人数

在工作过程中，信息中心的领导向宋杰提出了如下问题要求解答。

（1）首先，领导希望她能够充分解释：为什么选择上述自变量作为分析地区旅客周转量和货物周转量的主要影响因素？是否还可以考虑一些新的可能的影响因素？

（2）中心领导认为,在她目前选择的这些自变量之间,很可能会存在比较密切的相关关系。那么,使用信息高度冗余的自变量集合进行建模,是否会对模型效果产生不良影响?

（3）宋杰运用软件建立了相应的回归模型,并对模型的质量进行评价,而中心领导则更希望了解这个回归模型的经济意义大致是什么?

（4）中心领导还提出:是否可以运用该回归模型,对国内某地区下一年度的旅客周转量与货物周转量进行预测分析?

如果你是宋杰,请试着回答上述领导提出的问题。

第 **15** 章
时间序列数据的应用

15.1　重点与难点

本章在第 7 章的时间序列指标的基础上,对除了静态数据的动态数据以例子的形式讲解了其实际中的应用,包括时间序列趋势外推预测,平滑预测及季节性变化数据的应用。重点掌握时间序列数据的概念,各种预测法的 Excel 的应用。理解掌握输出结果的含义解读。

15.2　要点

1. 时间序列数据是在同一主体、不同时点(或不同时间)的调查数据,也称动态数据。

2. 时间序列数据的特点:不同时间,相同统计对象,不同统计指标,按时间先后次序排列数据,数据具有连续性、差异性等。

3. 时间序列数据主要用于计算时间序列指标、指数和预测。

4. 直线趋势外推就是根据具有线性变动趋势的历史数据拟合成一条直线(建立直线回归模型)进行预测的方法。直线趋势外推适用于历史数据逐期增长大体相同的预测对象的中长期预测。

直线趋势外推公式:

$$\begin{cases} \hat{y} = kt + b \\ k = \dfrac{12 \sum ty}{n(n+1)(n+2)} \\ b = \bar{y} \end{cases}$$

式中,n 为样本容量,取偶数,$t \in \left[-\dfrac{n}{2}, \dfrac{n}{2} \right]$。

5. 抛物线趋势预测就是根据具有抛物线变动趋势的历史数据拟合一条抛物线模型进行预测的方法。抛物线趋势预测适用于历史数据增长量呈抛物线趋势的预测对象。抛物线外推模型：

$$\hat{y} = B_0 + B_1 t + B_2 t^2$$

$$\begin{cases} B_0 = \bar{y} - \dfrac{B_2(n+1)(n+2)}{12} \\[3mm] B_1 = \dfrac{12 \sum ty}{n(n+1)(n+2)} \\[3mm] B_2 = 60 \times \dfrac{12 \sum t^2 y - n(n+1)(n+2)\bar{y}}{n(n+1)(n+2)\left[(4n-1)(n+1) - 21\right]} \end{cases}$$

式中，n 为样本容量，取偶数，$t \in \left[-\dfrac{n}{2}, \dfrac{n}{2}\right]$。

6. 指数曲线趋势预测法是指根据预测对象具有指数曲线变动趋势的历史数据拟合成一条指数曲线模型进行预测的方法。指数曲线趋势预测法适用于历史数据环比系数大致相同的预测对象。$\hat{y} = a \cdot b^t$。

这个方程可化为直线型 $\ln y = \ln a + t \ln b \Rightarrow y' = A + kt$，按直线趋势预测法求参数 k, A，然后再求 k, A 的反对数，得到 b, a，建立指数曲线回归方程。

7. 移动平均预测法是将最近 k 期数据加以平均作为下一期的预测值，每次预测时只使用最近 k 期的数据。移动平均法适用于呈水平发展变化的一列数向外推一期的预测。

8. 指数平滑法是一种特殊的加权平均法，加权的特点是对离预测期较近的历史数据给较大的权数，对离预测期较远的数据给较小的权数，权数由近到远按指数规律递减，以本期及本期以前的历史数据的加权平均数作为下期预测值。指数平滑法适用于水平型历史数据的预测。

9. 季节变动数据是历史数据中所包含的季节变动规律性的数据。影响季节变动的多因素集中反映有规律的季节更替变动。

季节指数预测

$$\text{季节指数} = \frac{\text{历年同季(月)平均数}}{\text{全时期季(月)总平均数}}$$

季节变差预测

$$\text{季节变差} = \text{历年同季平均数} - \text{全时期总平均数}$$

季节比重预测

$$\text{某年某季节比例} = \frac{\text{某年某季的实际值}}{\text{该年全年实际值}}$$

$$\text{季节比重} = \frac{\text{历年同季季节比例之和}}{\text{年数}}$$

10. 移动平均季节模型预测是一种先计算移动平均数，用移动平均数构建直线趋势模型，利用直线回归模型计算的趋势值加上一个季节变差或乘上一个季节指数进行预测。

11. 长期趋势预测是一种先计算年季平均数，用年季平均数与时间构建直线趋势模型，利用直线回归模型计算的趋势值加上一个季节变差或乘上一个季节指数进行预测。

15.3 习题

一、单选题

1. 构成时间序列的因素有季节变动、不规则变动、长期趋势和（　　）。

A. 动态趋势　　　　　B. 循环变动　　　　　C. 时间因素　　　　　D. 偶然因素

2. 时间序列的模型有（　　）。

A. 加法模型和除法模型　　　　　　　　B. 加法模型和减法模型

C. 加法模型和乘法模型　　　　　　　　D. 乘法模型和除法模型

3. 一个时间数列有 20 年数据，若以四年移动平均，将会损失（　　）。

A. 四个数据　　　　　B. 两个数据　　　　　C. 三个数据　　　　　D. 不损失数据

4. 用最小二乘法拟合直线方程时，观测值 y 与其拟合值 $\hat{y}$ 必须满足的一个基本条件是（　　）。

A. $\sum (y - \hat{y}) = $ 最大值　　　　　　B. $\sum (y - \hat{y}) = $ 最小值

C. $\sum (y - \hat{y})^2 = $ 最大值　　　　　D. $\sum (y - \hat{y})^2 = $ 最小值

5. 利用最小二乘法拟合直线趋势方程时，对时间 t 的编码如果采用简捷法，则要求满足的条件是（　　）。

A. $\sum t = $ 最大值　　B. $\sum t = $ 最小值　　C. $\sum t = 0$　　　　D. $\sum t \neq 0$

6. 如果时间序列的逐期增长量大致相同，则适宜拟合（　　）。

A. 直线方程　　　　　B. 抛物线方程　　　　C. 指数曲线方程　　　D. 双曲线方程

7. 若时间序列的二级增长量大体相同，可拟合（　　）。

A. 直线方程　　　　　B. 抛物线方程　　　　C. 指数曲线方程　　　D. 双曲线方程

二、判断题（正确的打"√"，错误的打"×"，并填写在题后的括号中）

1. 非随机性时间序列可分为平稳性时间序列、趋势性时间序列和季节性时间序列。

（　　）

2. 随机性时间序列是指由确定性变量构成的时间序列。　　　　　　　　　　（　　）

3. 趋势性时间序列是指各期数值逐期增加或减少，呈现一定的发展变化趋势的时间序列。

（　　）

4. 时间序列的乘法模型中的四种因素为绝对数。　　　　　　　　　　　　（　　）

5. 在研究社会经济现象时，一般采用时间序列的加法模型。　　　　　　　（　　）

6. 采用时距扩大法测定长期趋势时只适用于时期数列。　　　　　　　　　（　　）

7. 移动平均法是测定长期趋势的最好方法，因为移动平均法不会造成信息量的损失。

（　　）

8. 若时间序列的环比发展速度大致相同，可拟合指数曲线方程。　　　　　（　　）

三、简答题

1. 直线趋势外推预测与移动平均预测有何不同？

2. 移动平均预测与指数平滑预测有何不同？

3. 季节变差与季节指数有何不同？

4. 季节比例与季节比重有何不同？

5. 移动平均季节模型是怎样建立的？

6. 长期趋势模型预测的回归是怎样建立的?

7. 时间序列自回归模型是怎样选择因变量数列与自变量数列的?

8. 比较长期趋势预测与移动平均季节模型预测有何不同。

9. 比较截面数据与时间数列数据有何不同?

四、应用题

1. 查中国统计年鉴,采集适当的数据,采用适当的方法,完成以下作业。

(1)采用历史数据,模拟城镇化率与 GDP 的线性回归方程。

(2)趋势外推城镇居民恩格尔系数、农村居民恩格尔系数。

(3)趋势外推基尼系数。

(4)趋势外推能源消费弹性系数。

(5)趋势外推平均每人生活消费能源。

2. 某公司过去 18 个月的销售数据见表 1。

表 1　某公司过去 18 个月的销售收入

月份	销售收入/万元	月份	销售收入/万元	月份	销售收入/万元
1	1 033	7	1 334	1	1 572
2	991	8	1 509	2	1 904
3	1 127	9	1 484	3	2 104
4	1 243	10	1 656	4	2 055
5	1 001	11	1 645	5	2 240
6	1 327	12	1 684	6	2 310

要求:(1)用 3 期移动平均法进行趋势分析。

(2)绘制该时间序列的图形并分析描述其趋势。

(3)选择一条合适的趋势线拟合数据,写出其趋势方程,计算出各年的趋势值。

3.某宾馆的营业收入资料见表2。

表2 某宾馆的营业收入 单位:万元

月份	2014 年	2015 年	2016 年	月份	2014 年	2015 年	2016 年
1	116	145	180	7	2 810	3 120	3 350
2	154	210	245	8	1 204	1 382	1 576
3	220	312	325	9	384	482	625
4	392	520	535	10	183	248	437
5	642	684	710	11	125	130	258
6	1642	1872	1923	12	95	112	166

要求:(1)按月平均法计算季节比率。

(2)按移动平均趋势剔除法计算季节比率,并做出季节变动图。

(3)对原时间序列做季节性调整,并根据调整后的数据作图。

第16章
统计分析报告的写作

16.1　重点与难点

统计分析报告的写作是整个统计工作的最后阶段,尤为重要。本章主要介绍了统计分析报告的相关内容,包括统计写作的原则、特点和类型;统计分析报告的选题;统计分析报告的写作步骤。理解统计分析报告的含义;了解统计写作的原则、特点和类型;重点掌握统计分析报告的选题技巧;熟悉统计分析报告的写作步骤。

16.2　要点

1.统计分析报告是运用大量统计数据来反映、研究和分析社会经济活动的现状、成因、本质和规律,并做出结论,提出解决问题办法的一种统计应用文体。

2.统计分析报告的写作原则:充分性原则、反映应用统计思想的原则、针对性原则、生动性原则。

3.统计分析报告的写作特点:方法特有性、数量性、准确性、时效性、实用性、通俗性。

4.统计分析报告的类型:进度性统计分析报告、专题性统计分析报告、综合性统计分析报告、统计调查报告、统计预测报告、统计研究报告、统计公报。

5.统计分析报告的选题原则:针对性原则、新颖性原则、可行性原则。

6.统计分析报告的写作步骤:

(1)搜集、整理和鉴别统计信息资料。

(2)统计写作的资料分析。

(3)系统分析与构思。

(4)拟订统计分析报告的写作提纲。

(5)统计分析报告的撰写。

(6)结尾。

(7)修改。

16.3 习题

一、简答题

1. 统计分析报告的写作原则有哪些?

2. 统计分析报告的写作特点有哪些?

3. 统计分析报告有哪些类型?

4. 选题的具体方法有哪些?

5. 简述统计分析报告的写作步骤。

二、实践题

根据第 1 章第五题的调查实践项目,撰写一份统计分析报告。

附　录

附录1　综合测试题(一)

一、判断题(每题2分,共计20分)

1. 调查单位与填报单位可以是一个单位。　　　　　　　　　　　　　　　　(　　)

2. 指标是对总体而言。　　　　　　　　　　　　　　　　　　　　　　　(　　)

3. 实物单位能具体反应现象实际存在的实物量。　　　　　　　　　　　　(　　)

4. 成数属于有名数。　　　　　　　　　　　　　　　　　　　　　　　　(　　)

5. 简单算术平均数等于权重都相等的加权算术平均数。　　　　　　　　　(　　)

6. 基尼系数越高说明社会分配越公平。　　　　　　　　　　　　　　　　(　　)

7. 标准正态分布比任何一个T分布都要尖峭。　　　　　　　　　　　　　(　　)

8. 离散系数与平均数的代表性成反比。　　　　　　　　　　　　　　　　(　　)

9. 统计量是对样本而言的。　　　　　　　　　　　　　　　　　　　　　(　　)

10. 中位数是一种数值平均数。　　　　　　　　　　　　　　　　　　　(　　)

二、单选题(每题2分,共计30分)

1. 非随机抽样调查选择调查样本调查者带有(　　　)。

A. 较强的主观性　　　B. 较强的客观性　　　C. 较强的灵活性　　　D. 自由性

2. 非抽样调查包括(　　　)。

A. 分层抽样　　　　　B. 判断抽样　　　　　C. 典型调查　　　　　D. 配额抽样

3. 平均差等于数组中各标志值与其(　　　)的离差的绝对值之和除以数组中的数据个数。

A. 算术平均数　　　　B. 平均差数　　　　　C. 最小数　　　　　　D. 最大数

4. 是非标志值的方差是(　　　)。

A. p　　　　　　　　B. q　　　　　　　　C. pq　　　　　　　　D. 0

5. 逐期增长量等于报告期水平减去(　　　)。

A. 基期水平　　　　　B. 上一期水平　　　　C. 末期水平　　　　　D. 中间水平

6. 环比增长速度等于环比发展速度(　　　)。

174

A. 加 1　　　　　　B. 减 1　　　　　　C. 减 2　　　　　　D. 加 2

7. 增加百分之一的绝对值等于(　　)。

A. 基期水平　　　　　　　　　　　B. 基期水平除以一百

C. 报告期水平除以一百　　　　　　D. 报告期水平

8. 已知:报告期的销售额 $p_1q_1 = 306\ 050$,以基期价格计算报告期的销售额 $p_0q_1 = 301\ 500$,基期的销售额 $p_0q_0 = 243\ 300$,价格变动对销售额的影响绝对量为(　　)。

A. 4 550　　　　　　B. 125　　　　　　C. 94 563　　　　　　D. 3 569

9. 以下不属于实物单位的有(　　)。

A. 工日　　　　　　B. 复合单位　　　　　　C. 自然单位　　　　　　D. 千米

10. 关于指数,以下说法错误的是(　　)。

A. 综合指数和平均指数都是总指数

B. 综合指数是先对比后综合

C. 平均指数不可以用于指数体系的因素分析

D. 平均指标的总变动指数是报告期平均数除以基期平均数

11. 以下属于参数估计的优良性标准的是(　　)。

A. 有偏性　　　　　　B. 明确性　　　　　　C. 一致性　　　　　　D. 灵活性

12. (　　)是假设检验的第三个步骤。

A. 构造统计量并计算　　　　　　B. 确定临界值

C. 提出原假设和备择假设　　　　D. 做出决策

13. 以下不属于变异指标的是(　　)。

A. R　　　　　　B. $A.D.$　　　　　　C. σ　　　　　　D. $\overline{X}$

14. 关于相关系数,以下说法正确的是(　　)。

A. 取值范围为 $(-1,1)$　　　　　　B. r 越接近于 1,说明线性关系越弱

C. r 为 0.7 说明是显著性相关　　　D. r 大于 0.7 说明是高度相关

15. 以下不属于时期序列的特点的是(　　)。

A. 可加性　　　　　　B. 与时期的有关性　　　　　　C. 非间断性　　　　　　D. 不可加性

三、简答题(每题 5 分,共计 10 分)

1. 统计表从形式和内容上各分为几个部分。

2. 什么是发展速度? 环比发展速度与定基发展速度有什么关系?

四、应用题(每题 8 分,共计 40 分)

1. 某纺织厂织布车间工人数和日产量情况见表 1。计算:平均每人每日产量。

表 1　纺织厂织布车间工人数和日产量表

日产量/m	1~3	3~5	5~7	7~9
工人数/人	2	1	3	3

2. 某企业第一季度的产值和月初劳动者人数见表 2。计算第一季度月平均劳动生产率和第一季度的平均劳动生产率。

表 2

时间	1 月	2 月	3 月	4 月
产值/万元	100	118	120	125
月初劳动者/人	200	230	218	220

3. 某企业生产成本资料见表 3,(1)计算并分析总成本变动情况;(2)产量变动的影响程度及绝对量;(3)单位成本的影响程度及绝对量。(指数用百分数表示,结果均保留一位小数。)

表 3

商品名称	产量		单位产品成本/元	
	报告期 Q_1	基期 Q_0	报告期 P_1	基期 P_0
甲	135	150	8	8.8
乙	111	103.5	10	15
丙	405	47	6	4

4. 已知某种灯泡的寿命服从正态分布,现从一批灯泡中随机抽取 9 只,测得其使用寿命(单位:10 万 h)见表 4。建立该批灯泡平均使用寿命 95% 的置信区间。(0.75 的平方根取 0.9;$Z_{0.05} = 1.65$;$Z_{0.025} = 1.96$;$t_{0.025}(9) = 2.26$;$t_{0.025}(8) = 2.31$。保留一位小数。)

表 4

3	2	3
2	2	3
4	4	4

5. 在其他条件不变的情况下,某种商品的需求量 y 与该商品的价格 x 有关,现对给定时期内的价格与需求量进行观察,得到一组数据(表 5)。

表 5

价格/元	6	9	7	11	9	12	10	8
需求量/t	50	91	65	130	97	150	99	90

(1)现根据上述数据用 SPSS 绘制了散点图,如图 1 所示,可以从散点图中发现价格和需求量有何关系?

(2)根据上述数据用 SPSS 进行回归分析,输出以下分析结果,见表 6。请写出价格和需求量的回归模型,并评价该模型的拟合优度以及从 t 检验角度分析该方程是否有效。

(3)如果通过第二问的检验,请进行预测:如果价格是 5 的时候,需求量是多少(保留整数)? 如果没有通过,请忽略该问题。

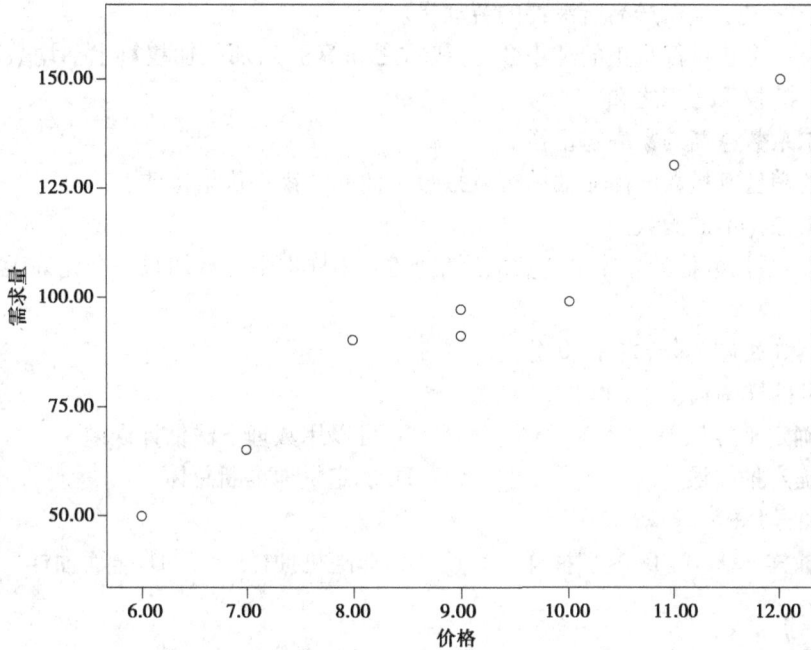

图 1

表 6　系数[a]

模型		非标准化系数		标准系数	t	Sig.
		B	标准误差	试用版		
1	（常量）	−44.607	12.983		−3.436	0.014
	价格	15.679	1.412	0.977	11.101	0.000

a. 因变量：需求量

模型汇总				
模型	R	R 方	调整 R 方	标准估计的误差
1	0.977[a]	0.954	0.946	7.473 37

a. 预测变量：（常量），价格。

附录 2　综合测试题（二）

一、判断题（每题 2 分，共计 20 分）

1. 分群抽样调查是群的内部差异小，群与群之间差异大。　　　　　　　　（　　　）

2. 汇总是把说明个体的原始资料变成总体的综合资料。　　　　　　　　　（　　　）

3. 标志是对个体而言。　　　　　　　　　　　　　　　　　　　　　　（　　　）

4. 标准实物单位是按统一的折算标准计量被研究现象数量的一种计量单位。（　　　）

5.劳动指标表示生产产品所消耗的劳动量。 （　　）

6.如果每一个权重都是正的纯小数,且权重之和等于1,那么加权算术平均数就等于各标志值与各对应的权重之积之和。 （　　）

7.恩格尔系数越高的家庭越富裕。 （　　）

8.商品的销售额指数 = 商品的销售量指数 × 商品的销售价格指数。 （　　）

9.统计量是样本的函数。 （　　）

10.用样本平均数估计总体平均数的置信区间,用样本平均数加减一个允许误差就是总体的置信区间。 （　　）

二、单选题(每题2分,共计30分)

1.非随机抽样调查(　　)。

A.可以确定抽样误差　　　　　　　　B.可以用数理方法估计误差

C.无法确定抽样误差　　　　　　　　D.能定量地推断总体

2.判断抽样是(　　)。

A.随机抽样　　　　B.典型抽样　　　　C.非随机抽样　　　　D.全面抽样

3.$\dfrac{\sum_{i=1}^{n}\left(\dfrac{x_i}{a}\right)}{n}$ = (　　)。

A.a　　　　　　　B.$\bar{x}+a$　　　　　　C.$\bar{x}-a$　　　　　　D.0

4.平均差是用(　　)计算出来的。

A.全部变量值　　　B.部分变量值　　　C.两个变量　　　D.最大值

5.离散系数是变异指标与(　　)之比。

A.平均指标　　　　B.平均差数　　　　C.最小数　　　　D.最大数

6.定基发展速度等于报告期水平除以(　　)。

A.基期水平　　　　　　　　　　　　B.报告期前一期水平

C.中间水平　　　　　　　　　　　　D.末期水平

7.已知:报告期的销售额 $p_1 q_1$ = 306 050,基期的销售额 $p_0 q_0$ = 243 300,销售额指数为(　　)。

A.126%　　　　　B.79.5%　　　　　C.67%　　　　　D.100%

8.已知:报告期的销售额 $p_1 q_1$ = 306 050,以基期的价格计算报告期的销售额 $p_0 q_1$ = 301 500,帕氏质量综合指数为(　　)。

A.102%　　　　　B.79.5%　　　　　C.67%　　　　　D.100%

9.(　　)是表示几何平均数的符号。

A.$\bar{x}$　　　　　　　B.x_G　　　　　　C.x_H　　　　　D.M_o

10.(　　)是表示中位数的符号。

A.$\bar{x}$　　　　　　　B.x_G　　　　　　C.M_o　　　　　D.M_e

11.增长量的说法正确的是(　　)。

A.说明时间序列水平在一个时间点上增长的绝对数量的指标

B.报告期发展速度减去基期发展速度

C.可以为负数

D.永远大于零

12.按选择报告期的不同,可以分为累计和年距增长量,关于偏度的说法正确的是(　　)。

A.次数分布的相对尖峭程度

B.可以按照算术平均数、调和平均数和众数的关系判断偏态

C.可以用动差法计算偏度

D.偏态绝对量与偏度成反比

13.关于是非标志指标说法不正确的是(　　)。

A.只取两个值　　　　　　　　　　　B.均值为1

C.具有某种属性的单位标志值取1　　D.不具有某种属性的单位标志值取0

14.调和平均数的说法正确的是(　　)。

A.不易受极端值的影响　　　　　　　B.如果没有变量值为1,可以计算

C.属于数值平均数　　　　　　　　　D.一般适用于计算平均速度

15.以下关于相对指标的说法不正确的是(　　)。

A.表现形式有有名数和无名数

B.同一时间不同空间、不同类型指标对比得出的相对数是比较相对数

C.基尼系数属于结构相对指标

D.对外贸易系数属于强度相对指标

三、简答题(每题5分,共计10分)

1.统计误差的类型有哪些? 如何控制不同的统计误差?

2.简述置信度与置信区间的关系。

四、应用题(每题10分,共计40分)

1.某小区家庭人均收入见表1,计算该小区人均年收入算术平均数、调和平均数,并比较它们的大小关系。

表1　某小区家庭人均收入　　　　　　　　　单位:万元

年人均收入	1~3	3~5	5~7	7~9
户数	8	10	6	5

2.某企业第一季度的产值和月初劳动者人数见表2。计算第一季度月平均劳动生产率和第一季度的平均劳动生产率。

表2　某企业第一季度的产值和月初劳动者人数

时　间	1月	2月	3月	4月
产值/万元	100	118	120	125
月初劳动者/人	200	230	218	220

3.某百货商店小家电销售资料见表3。计算销售价格指数及由于价格降低所引起的销售额变动;计算销售量指数及由于销售量变动所引起的销售额变动。(指数以百分数显示,结果保留1位小数。)

表3　某百货商店小家电销售额和价格变动率

商品名称	销售额/10万元		价格降低率/%
	基期	报告期	
吹风机	0.9	0.95	5
烤箱	0.8	0.98	2
电饭煲	0.6	0.96	4

4. 某电子元件批量生产的质量标准为平均使用寿命 1 500 h。某厂宣称他们采用一种新工艺生产的元件质量大大超过规定标准。为了进行验证，随机抽取了 100 件作为样本，测得平均使用寿命为 1 560 h，标准差为 200 h。能否说该厂生产的电子元件质量显著地高于规定标准？（$\alpha = 0.05$；$|Z_{0.05}| = 1.65$；$|Z_{0.025}| = 1.96$；$t_{0.025}(99) = 1.98$；$t_{0.05}(99) = 1.66$。）

附录3　部分参考答案

绪论

一、单选题

1—5　DACAB　　6—10　DBDBB　　11—15　ACACD　16—20　ADCDA
21—25　ADBBD　26—30　BCBCB　31—35　CDDBC　36　A

二、多选题

1. ABCDE　2. CD　3. AD　4. BCDE　5. ABCDE　6. BCE　7. BC

三、判断题

1. ×	2. ×	3. ×	4. √	5. √
6. ×	7. √	8. √	9. √	10. ×
11. √	12. ×	13. ×	14. ×	15. ×
16. ×	17. ×	18. √	19. ×	20. ×

第1章

一、单选题

1—5　BACCA　6—10　ABABB　11—14　CDDA

二、多选题

1. CE   2. ABD   3. ABCDE   4. ABD   5. ABCE   6. ACE

三、判断题

1. ×   2. ×   3. ×   4. ×   5. ×
6. √   7. √   8. √   9. √   10. √
11. √   12. √

第 2 章

一、单选题

1—5 DCDBA   6—10 DCCDC   11—15 DDCCB   16—20 DCABC
21—25 BAABD   26 A

二、多选题

1. ABCD   2. AB   3. CD   4. DE   5. AC   6. AB   7. ABCDE   8. BCD   9. ABD   10. CDE
11. BCE   12. BCD   13. ACD

三、判断题

1. ×   2. ×   3. ×   4. √   5. √
6. ×   7. ×   8. ×   9. ×   10. ×

第 3 章

一、单选题

1—5 ADACA   6—10 BADAD   11—15 ADBBD

二、多选题

1. ABCDE   2. AB   3. ABCDE   4. ABC   5. ABC   6. ABCD   7. ABC   8. ABCD   9. ABC
10. ABCDE

三、判断题

1. ×   2. ×   3. ×   4. √   5. ×
6. ×   7. ×   8. ×   9. √   10. √

11. √   12. √   13. ×   14. ×   15. ×

第 4 章

一、单选题

1—5 BABBD 6—10 BBBDC 11—15 BBDDB 16 C

二、多选题

1. ABD 2. ABCDE 3. ABCDE 4. ABCDE 5. BE

三、判断题

1. ×   2. √   3. ×   4. √   5. √
6. √   7. ×   8. ×   9. ×   10. √
11. ×   12. √   13. ×   14. ×   15. ×

第 5 章

一、单选题

1—5 DCACC 6—10 ABABC 11—15 DBBBA

二、多选题

1. DE 2. BCDE

三、判断题

1. ×   2. ×   3. ×   4. ×   5. ×
6. ×   7. √   8. √   9. ×   10. √

第 6 章

一、单选题

1—5 BBDDA 6—10 CCCBB 11—15 DBCAA

二、多选题

1. ACE 2. ABCE 3. BDE 4. AD 5. AD

三、判断题

1. ×   2. √   3. ×   4. ×   5. √
6. √   7. ×   8. ×   9. √   10. ×

第 7 章

一、单选题

1—5 CCBDA   6—10 BDCDC   11—15 BDABD   16—17 DD

二、多选题

1. DE   2. BD   3. AD   4. ABCDE   5. ABCDE

三、判断题

1. √   2. ×   3. ×   4. ×   5. ×
6. √   7. √   8. ×   9. √   10. ×
11. √   12. ×   13. ×   14. √   15. ×

第 8 章

一、单选题

1—5 DCADA   6—10 BDCCB   11—15 ACDBC   15—20 BABDA
21—25 CDCCB   26—30 CABCB   31—35 BADAB

二、多选题

1. ACDE   2. ABD   3. ABE   4. CE   5. DE   6. ABCDE   7. ABCD   8. AC   9. AD   10. CD

三、判断题

1. ×   2. √   3. √   4. ×   5. √
6. ×   7. ×   8. √   9. √   10. ×
11. √   12. ×   13. ×   14. √   15. √
16. ×   17. ×   18. √   19. ×   20. √

第 9 章

一、单选题

1—5　BDDAC　6—10　DCABD　11—15　CDCCA　16—20　ADCBA

二、多选题

1. ABE　2. ABDE　3. ABCE　4. ACDE　5. ABCDE

三、判断题

1. √　　2. ×　　3. ×　　4. ×　　5. ×
6. √　　7. √　　8. √　　9. √　　10. √

第 10 章

一、单选题

1—5　AABDC　6—10　ABCBA　11—15　DCBBA　16—20　DCACA
21—25　BDDCA　26—30　CCBAB　31—35　CAABA　36—40　BABAD
41—45　BABBA　46—50　BDDAA　51—55　BAAAB　56—60　BAABA　61—62　AA

第 11 章

一、单选题

1—5　ADACC　6—10　CBAAB　11—15　DCDAC　16　B

二、多选题

1. ACE　2. ABD　3. BE　4. AD　5. ABCD　6. BCDE　7. ADE　8. ABD

第 12 章

一、单选题

1—5　BBADD　6—10　ACBAC　11—15　DBDBA　16—20　ABCDA　21—22　BB

二、多选题

1. ACD 2. DE 3. ABCD 4. ABCE 5. CD 6. ABC 7. BC 8. ABC 9. ACE 10. CD
11. ACE

三、判断题

1. × 2. √ 3. × 4. × 5. √ 6. ×
7. √ 8. × 9. √ 10. × 11. × 12. ×

第 13 章

一、单选题

1—5 ABCDD 6—10 BCDAD 11—15 BBBDB

二、多选题

1. ABE 2. ACDE 3. ABC 4. BC 5. ADE 6. ABCD

三、判断题

1. √ 2. × 3. × 4. √ 5. √
6. √ 7. × 8. × 9. √ 10. √

第 14 章 (略)

第 15 章

一、单选题

1—5 BCADC 6—7 AB

二、判断题

1. √ 2. × 3. √ 4. × 5. ×
6. √ 7. × 8. √

第 16 章 (略)

参考文献

[1] 徐哲,石晓军,等.应用统计学:经济与管理中的数据分析[M].北京:清华大学出版社,2011.

[2] 刘悦,刘定祥.应用统计学[M].2版.北京:北京师范大学出版社,2017.

[3] 刘定祥,凌成树,刘悦.应用统计学[M].北京:北京师范大学出版社,2012.

[4] 宋廷山,王坚,等.应用统计学——以Excel为分析工具[M].2版.北京:清华大学出版社,2012.

[5] 孙静娟,邢莉.统计学学习指导书[M].3版.北京:清华大学出版社,2009.

[6] 陈文贤,陈静枝.大话统计学[M].北京:清华大学出版社,2016.

[7] 贾俊平,何晓群,金勇进.统计学[M].北京:中国人民大学出版社,2018.

[8] 贾俊平,何晓群,金勇进.统计学学习指导书[M].7版.北京:中国人民大学出版社,2018.

[9] 刘子君,魏岚,向远章.统计学[M].北京:清华大学出版社,2017.

[10] 赵振伦.统计学——理论·实务·案例[M].上海:立信会计出版社,2005.